VOID
Library of
Davidson College

INSCRIPTIONES GRAECAE PTOLEMAICAE
Sammlung Griechischer
Ptolemäer-Inschriften
IGP I, *SGPI*

INSCRIPTIONES GRAECAE PTOLEMAICAE

Sammlung Griechischer
Ptolemäer-Inschriften
IGP I, *SGPI*

von

MAX L. STRACK

ARES PUBLISHERS INC.
CHICAGO   MCMLXXVI

Reprint of the Edition:
Berlin 1897
ARES PUBLISHERS INC.
612 N. Michigan Avenue
Chicago, Illinois 60611
Printed in the United States of America
International Standard Book Number:
0-89005-171-2

INSCRIPTIONES GRAECAE PTOLEMAICAE
PROCLAMATION AND PREFACE TO
THE FIRST AMERICAN EDITION OF THE SGPI

The *Sammlung Griechischer Ptolemäer-Inschriften,* is now being published for the first time as an independent collection of Greek inscriptions. Its first edition appeared in 1897, as an appendix (Anhang) of Max L. Strack's *Die Dynastie der Ptolemäer* printed in Berlin by Wilhelm Herz.

Every scholar who has ever worked on a project directly or indirectly connected with the history of the Ptolemaic dynasty knows that Strack's work has remained until now one of the most important references[1] on the subject. This is, I guess, the reason that the SGPI has never become an independent reference by itself despite the fact that it can be considered, in all justice, a unique and pioneer type of collection of Greek inscriptions among those published until now. Strack was one of the first scholars who understood that the epigraphical documents for the history of the Hellenistic empires needed to be collected from all the areas where those empires once expanded (or radiated) and by no means had to be limited to the documents originating from inside their so called 'official frontier lines'.

By reprinting for the first time the SGPI as an independent collection of inscriptions, I hope that its reprinted presence among the epigraphical references for the history of the Hellenistic world will be noticed by historians more than before. The need of similar collections for the other Hellenistic empires and contemporary dynasties is greater now and I hope that the minds of some of the

---

1. As far as I could check, the work has not yet been reprinted by any of the German reprint publishers.

younger scholars dedicated to ancient history and Greek epigraphy will start thinking of the enormous possibilities layed wide open for those headed in this direction.

While preparing the SGPI[2] for the press, I stopped for a minute to get another look at Strack's *Die Dynastie der Ptolemäer*. The excellent tables prepared by the author for the 'Names and Epithets of the Kings' (Namen und Beinamen, pp. 140-142), accompanied by an excellent commentary based on the literary, papyrological and epigraphical testimonia (Anmerkungen zur Tabelle, pp. 143-145), had to be added, according to my judgement, as an appendix to the SGPI. In the same appendix, it was necessary to add Strack's 'Chronological List of the Kings' (Chronologische Tabelle, pp. 181-188) as well as its excellent commentary (Anmerkungen zur chronologischen Tabelle, pp. 189-213). Finally, to make it easier for those scholars who may like to check references to Strack's work according to its pagination, a concordance of the original page numbers, with the new page numbers of this edition, has also been added.

The title INSCRIPTIONES GRAECAE PTOLEMAICAE appearing for the first time in this edition (Abbreviation IGP) has been added as an indication that Strack's SGPI must be considered as the first part (IGP I) of a collection of the Greek inscriptions related to the Ptolemaic dynasty, covering the epigraphical material discovered until 1897. For the period 1897 to 1976, which covers several decades of significant epigraphical discoveries, a number of supplementary volumes are planned (IGP II, IGP III).

Loyola University of Chicago
Dept. of Classical Studies, July 1976   Al. N. Oikonomides

---

2. This abbreviation has never been used in epigraphical publications, as far as I know. References are usually given to Strack's *Dynastie der Ptolemäer* by page number.

CONTENTS

Preface to the IGP I by Al. N. Oikonomides v
Contents vii
Concordance (M. Strack, *DdP* with IGP I, *SGPI* pages) 2
Abbreviations 4
Plates I-IV (SGPI 17, 41, 14, 42, 54) .... Between pp. 4 and 5
Ptolemy I, Soter (Satrap, 323-305 BC, King, 305-283/2 BC) 5
Ptolemy II, Philadelphus (283-245 BC) 7
Ptolemy III, Euergetes I (247-221 BC) 13
Ptolemy IV, Philopator (221-203 BC) 23
Ptolemy V, Epiphanes (203-181 BC) 26
Ptolemy VI, Philometor (181-145 BC) 34
Ptolemy VII, Euergetes II (145-116 BC) 39
Ptolemy VIII, Soter II (116-80 BC) 39
Ptolemy IX, Alexander I (116-80 BC) 48
Ptolemy X, Alexander II (80-51 BC) 48
Ptolemy XI, (Auletes) (80-51 BC) 51
Ptolemy XII, (51-30 BC) 55
Ptolemy XIII, (51-30 BC) 56
Ptolemy XIV, (51-30 BC) 57
Ptolemy XV, (51-30 BC) 57
Ptolemy XVI 58
Inscriptions nonidentifiable with particular kings 59
Royal Names and Epithets (*Namen und Beinamen*) 64
Commentary (*Anmerkungen zur Tabelle*) 67
Chronological List of the Kings (*Chronologische Tabelle*) 72
Commentary (*Anmerkungen zur Chr. Tab.*) 79
INDICES [All references to *SGPI* Nos. of inscr.] 104
    Kings and Queens 104
    Other rulers 107
    Gods and Heroes 107
    Names of Men and Women 108
    Geographical 111
    Officials and Relatives 113
    Cults, Sanctuaries, Priests, Festivals, sacred things ... 116
    Religious and secular organizations 116
    Chronological 117
CONCORDANCES (cf. also p. 2) 119
    SGPI to Dittenberger *OGIS* 119
    SGPI to A. Bernand, *Les Inscr. Gr. de Philae*, vol. I .. 119
    SGPI and OGIS to *Supplementum Epigraphicum Graecum*
    (vols. XII-XXV) 120

Sammlung

griechischer Ptolemäer-Inschriften.

In die nachstehende Sammlung griechischer Ptolemäer-Inschriften sind nur diejenigen aufgenommen, die zu dem Königshause in direkter Beziehung stehen und der vorstehenden Arbeit als Material gedient haben oder den in ihr erörterten Fragen dienlich sein können. Auf eine vollständige Angabe aller auswärtigen Inschriften, die zu Ehren irgend jemandes gesetzt sind und in denen „des Königs Ptolemäus" nebenher Erwähnung geschieht, ist kein Gewicht gelegt. Ebensowenig sind die Litteratur und die verschiedenen Lesarten für jede einzelne Inschrift, wo sie nichts neues bieten, vollständig angegeben, noch ist jedem winzigen, unbrauchbaren Buchstabenfragmente ein Platz eingeräumt worden.

Die Sammlung hat keinen Selbstzweck und ist nicht in der Absicht unternommen, einer politischen Ptolemäergeschichte als erschöpfende Vorarbeit zu dienen.

Bonn, im Dezember 1896.

Max L. Strack.

ABBREVIATIONS
Abkürzungen.

Ancient gr. inscr.	= Collection of ancient greek inscriptions in the British Museum.
Arch. Zeit.	= Archäologische Zeitung.
BCH.	= Bulletin de correspondance hellénique.
Botti	= Notice des monuments exposés au musée greco-romain d'Alexandrie, par G. Botti 1893.
CIA.	= Corpus inscriptionum atticarum.
CIGr.	= Corpus inscriptionum graecarum.
CIGrJns.	= Inscriptiones graecae insularum maris Aegaei I.
CIGrSept.	= Corpus inscriptionum graecarum Graeciae septentrionalis.
CIGrSic. et Ital.	= Inscriptiones graecae Siciliae et Italiae.
CISem.	= Corpus inscriptionum semiticarum.
Dittenberger	= Dittenberger, sylloge inscriptionum graecarum.
Droysen	= Geschichte des Hellenismus^2.
Journ. of hell. stud.	= Journal of hellenic studies.
Le Bas	= Le Bas et Waddington, voyage archéologique en Grèce et en Asie mineure.
Lepsius	= Lepsius, Denkmäler aus Aegypten und Aethiopien.
Letronne	= Letronne, recueil des inscriptions grecques et latines de l'Égypte.
MA.	= Mitteilungen des kaiserl. deutschen archäologischen Instituts in Athen.
Olympia V.	= Olympia. Die Ergebnisse der von dem deutschen Reich veranstalteten Ausgrabung. Textband V. Die Inschriften von Olympia bearbeitet von Dittenberger und Purgold.
RA.	= Revue archéologique.
Sakellarios	= Sakellarios, Κυπριακά I^2.
Sitz. bair. Ak.	= Sitzungsberichte der bairischen Akademie.

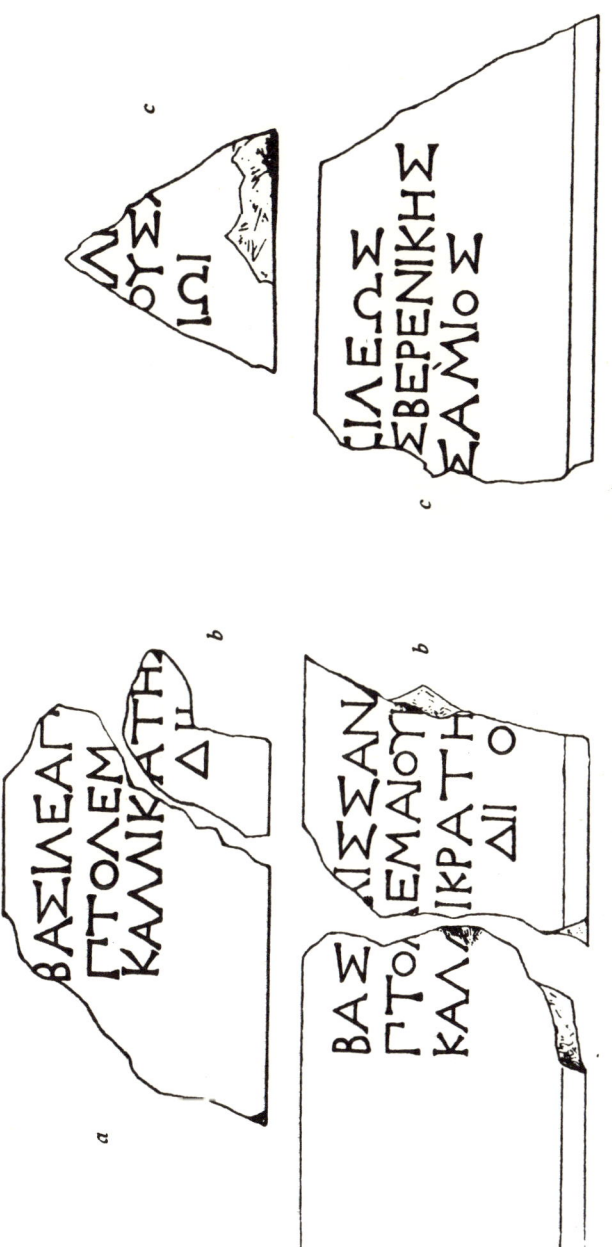

SGPI 17. Ptolemy II, Philadelphus (283-245 B.C.)

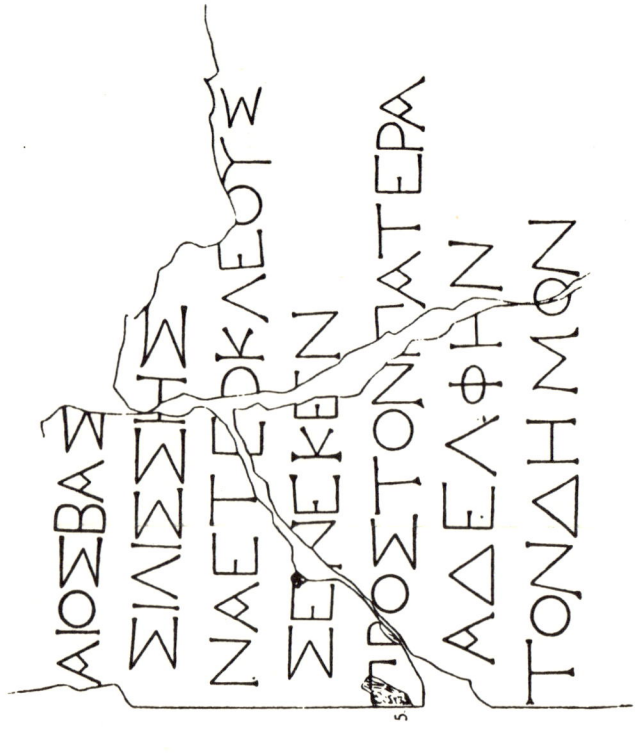

SGPI 41. Ptolemy III, Euergetes (247-221 B.C.)

Pl. III

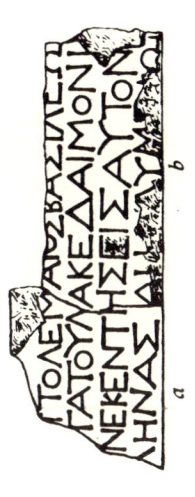

SGPI 14. Ptolemy II, Philadelphus (283-245 B.C.)

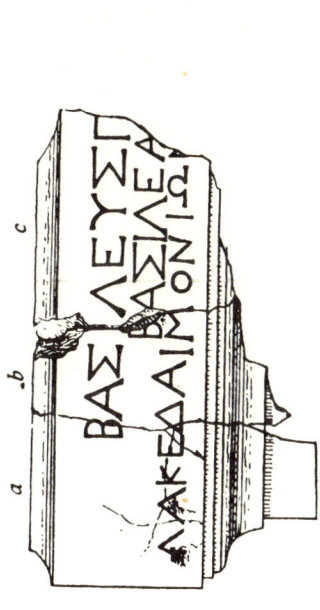

SGPI 42. Ptolemy III, Euergetes (247-221 B.C.)

Pl. IV

ΥΠΕΡΒΑΣΙΛΕΩΣΠΤΟΛΕΜΑΙΟΥ
ΚΑΙΒΑΣΙΛΙΣΣΗΣΑΡΣΙΝΟΗΣ
ΘΕΩΝΦΙΛΟΠΑΤΟΡΩΝ
ΑΠΟΛΛΩΝΙΟΣΑΜΜΩΝΙΟΥΚΑΙ
ΤΙΜΟΚΙΟΝΚΡΙΣΙΛΛΑΟΥΚΑΙΤΑΠΑΙΔΙΑ
ΔΗΜΗΤΡΙΚΑΙΚΟΡΗΚΑΙΔΙΚΑΙΟΣΥΝΗ

SGPI 54. Ptolemy IV, Philopator (221-203 B.C.)

Ptolemäus I.

1. Weisse Marmortafel aus Halikarnass, jetzt im brittischen Museum. Ancient gr. inscr. IV¹ 906 Hirschfeld; BCH. IV 400 Haussoullier.

ἀγαθῆι τύχηι [ι̃ηι]¹) | Πτολεμαίου τοῦ | Σωτῆρος καὶ Θεοῦ²) | Σαράπι Ἴσι³) Ἀρσινόη | τὸ ἱερὸν ἱδρύσατο | Χαιρήμονος ν⁴)[εωποιοῦντος.

¹) TYXHIh nach Hirschfeld; ι̃ηι von Haussoullier ausgelassen. ²) καὶ θ..ω Hauss. ³) Σαράπιδι Ἀρσινόη Hauss. ⁴) N von Hauss. ausgelassen.

2. Inschrift in Baffa (Neu-Paphos) auf Cypern. CIGr. 2615.

Πτολεμαῖ]ον θεὸν Σωτῆρ[α ... | ... ΑΣΙΑΣ ... | τῆς εἰς ἑαυτοῦ[ς.

3. Stein in Kition (Larnaka) im Hause des brittischen Consuls. CIGr. 2614.

Β]ερενίκην τὴν βασιλέως Πτολεμαίο[υ ... | γ]υναῖκα Ποσείδιππος, (ὁ)φρούραρχο[ς κατὰ ...] | καὶ κατὰ Κίτιον καὶ Βοΐσκος καὶ οἱ κυνηγοὶ¹) (?)

¹) KAI OIKYNAI :::::: nach einer Lesart. Die zweite, vielleicht conjicierte, giebt: KYN· HΓEMΩN. Von Boeckh auf Ptolemäus I bezogen, eine Annahme, die durch die Weihungen des Kallikrates, Sohnes des Boiskos (No. 18 a, b), gesichert wird.

4. Inschrift in Alexandrien. Botti 125, mitgeteilt nach einem im Museum befindlichen Abklatsch.

ὑπὲρ βασιλέως Πτολεμαίου | καὶ τῶν τέκνων | Σαράπιδι, Ἴσιδι | Νικάνωρ καὶ Νίκανδρος | Νίκωνος Πολυδεύκειοι.

Die einfache Sprache rechtfertigt die Zuteilung dieser und der zwei nächsten Inschriften.

5. Weisse Marmorstele aus Abukir, von Miller in der Sammlung Pugioli's in Alexandrien gesehen. BCH. IX 146 Miller; RA. 1887 II S. 215 Nerutsos, und wiederholt von letzterem: l'ancienne Alexandrie 1888 S. 126.

Ἀρτέμιδι Σωτείραι | ὑπὲρ βασιλέως | Πτολεμαίου | Ἐπικράτης Ἀθηναῖος¹).

¹) Ἀθηναι |||| Miller. Die genauere Fixierung Nerutsos' ist verfehlt.

6. Felsinschrift bei Larnaka Lapethu auf Cypern. Le Bas III 2778; Journ. asiat. 1867 S. 120 Voguë; Atti di Torino IV (1869) 715 Lumbroso.

Ἀθηνᾶι Σωτείρα Νίκη | καὶ¹) βασιλέως | Πτολεμαίου | Πραξίδημος Σέσμαος | τὸν βω[μὸ]ν ἀνέθ[η]κεν | ἀγα[θ]ῆι τύχηι.

Darunter folgende phönizische Inschrift: Anatae, robori vitae | et domino regum Ptolemaeo | Baalsillemus, filius [Ses]maei | consecravit altare | Fortunae bonae. CISem. I 114 No. 95. Zu Praxidemos s. Le Bas III 2779.

¹) Lumbroso liest KAL und bezieht die Inschrift auf den Kampf des Philometor und Euergetes um 160.

7. Inschrift, einst in Rom, nur aus Scheden bekannt. CIGr. 6084; CISic. et Ital. 1184; von Wilamowitz, Antigonos von Karystos 179, verwirft die Inschrift: „die Fälschung ist ligorisch".

Μένανδρος Διοπείθους | Κηφισιεὺς ἐγεννήθη ἐπὶ | ἄρχοντος Σωσιγένους | ἐτελεύτησεν ἐτῶν ν | καὶ β ἐπὶ ἄρχοντος | Φιλίππου κατὰ τὸ β | καὶ λ ἔτος τῆς Πτολεμαί|ου τοῦ Σωτῆρος βασιλείας.

8. Parischer Marmor aus Larnaka auf Cypern, jetzt im brittischen Museum. Ancient gr. inscr. II 389 Newton; CIGr. 2613; Kaibel, epigr. graec. 255.

Κρῆτα μὲν πατρίς μου, ὁδοίπορε, τίκτε δὲ μάτηρ
Νικώ, Σωσιάναξ δ' ἦ(ε)ν ἐμὸς γενέτας.
Πραξαγόρας δ' ὄνομ' ἔσχον ἐπικλεές, ὃν πρὶν ἐπ' ἀνδρῶν
θήκατο Λαγείδας κοίρανος ἁγεμόνα.

9. Inschrift an einem unvollendeten Gebäude auf Philae. CIGr. 4925; Kaibel, epigr. graec. 982.

Ἴσιδι καρποτόκῳ Κέλσος τόδε γράμ(μ)' ἀνέθηκα
μνησθεὶς ἧς ἀλόχου καὶ τεκέων φιλίων
καὶ πάτρης γλυκερῆς Πτολεμαίδος, ἣν ἐπό[λι]σσεν
Σωτὴρ Ἑλλήνων νιλογενὲς τέμενος.

10. Inschrift in einer Höhle in Syrien nahe bei Tyrus an der Mündung des Leon, jetzt al Kasmie. CISem. I 27.

βασιλεῖ [Πτολεμ]αίωι | καὶ ᾽Αφροδίτ[ηι ἐπη]κόωι |
ΠΙΜΙΛΚΑ . . . . . ΛΣΑΜΩΤΟΣ | ΕΥ . . . .

Daneben eine phönizische Inschrift. Die Zuteilung ist unsicher.

---

11. Grosse Schatzurkunde der delischen Tempel BCH. VI (1882) 29 Homolle; Dittenberger 367. Darin als Besitzstück des Artemistempels: Ditt. z. 183:

θηρίκλειον χρυσῆν, ἐπιγραφὴν ἔχουσαν „Πτολεμαῖος Λάγου Μακεδὼν ᾽Αφροδίτει· ὁλ(κὴ) ⊢ΗΗΗΗΔΔΔ⊦⊦⊦.

12. Ehrendekret in Athen für Phaedros, den Sohn des Thymochares aus den Jahren 271/0—268/7. CIA. II 331; Dittenberger 162.
Unter seinen Verdiensten wird Z. 29 aufgezählt:

πρεσβεύσας δὲ πρὸς τὸν βασιλέα τὸν πρεσβύτερον Πτολεμαῖον ἐκόμισεν τῶι δήμωι σῖτον καὶ χρήματα.

Ptolemäus II.

13. Inschrift in Samothrake auf dem Epistyl der Ostseite des Ptolemaion. Neue archäologische Untersuchungen auf Samothrake (1880) II Taf. 35 Conze, Hauser.

βασιλεὺς Πτολεμαῖος Πτολεμαίου καὶ Βερενίκης Σωτήρων θεοῖς μεγάλοις.

14. Zwei Fragmente einer Säulenbasis aus gelbem Kalkstein in Olympia. Arch. Zeit. 1878 S. 175; Olympia V 308.

βασιλεὺς Π]τολεμαῖος βασιλέω[ς Πτολεμαίου | ᾽Αρέα ᾽Ακρο]τάτου Λακεδαιμονί[ων βασιλέα | εὐνοίας ἕ]νεκεν τῆς εἰς αὐτὸν [καὶ εἰς τοὺς | ξύμπαντας ῞Ελ]ληνας Διὶ [Ὀλ]υμ[π]ίῳ [ἀνέθηκεν.

8 Sammlung griechischer Ptolemäer-Inschriften.

15. Marmor aus Delos, später im Hause des brittischen Consuls Sherard in Smyrna. CIGr. 2273; Dittenberger 153.

βασιλέα Πτολεμαῖον | Πτολεμαίου Σωτῆρος | οἱ νησιῶται ἀνέθηκαν.

16. Inschrift an einem Steinbruch 4 — 5 engl. Meilen nördlich von Silsilis, 1 engl. Meile südl. von Heschan. Revue des études grecques 1891 IV 50 No. 3 Sayce.

L λ̄ε φαμενὼθ ῑε ἦρκται (?) | ΗΡΑΙΩΝΔΑΜΙΣ | βασιλεύοντος Πτολεμάου (so) τοῦ Πτολεμαίου | βαισιλίσσης (so) Βερενίκης.

17. Fragmente aus parischem Marmor, die zu den Plinthen zweier kannelierten Säulen gehörten, in Olympia. Arch. Zeit. 1878 S. 174 Weil, 1879 S. 143, 211 Furtwängler, Purgold; Dittenberger 152; Olympia V 306, 307.

a) βασιλέα Π[τολεμαῖον βασιλέως] | Πτολεμ[αίου καὶ βασ]ιλί[σσης Βερενίκης] | Καλλικ[ρ]άτης [Βοΐσκ]ου[1]) Σα[μιος] | Διὶ ['Ολυμπ]ίωι.

b) βασ[ί]λισσαν Ἀ[ρσινόην βα]σιλέως | Πτολεμαίου [καὶ βασιλίσση]ς Βερενίκης | Καλλικράτη[ς Βοΐσκου] Σάμιος | Διὶ Ὀ[λυμπίωι].

[1]) Der Name des Vaters ist in einer delischen Inschrift überliefert: οἱ νησιῶται τὸν ναύαρχον Καλλικράτην Βοΐσκου Σάμιον ἀνέθηκαν, Dittenberger 168, woselbst die übrige Litteratur über Kallikrates. Dazu s. Inschriften 3 und 18.

18. Stele aus weissem Marmor mit einem Strahlen-geschmückten Giebel aus Samos, jetzt in Mytilini. MA. 1884 IX 197 Fabricius.

ὑπὲρ Πτολεμαί]ου[1]), τοῦ Πτολε[μαίου καὶ
Βερενίκης, καὶ ὑ]πὲρ Ἀρσινόη[ς τῆς γυναι-
κὸς[2]) καὶ Καλλικρά]του Βοΐσκου, τοῦ [ναυάρ-
χου ὁ δεῖνα Σάμ]ιος ἀνέθηκεν.
N

[1]) Die Strahlen ergeben eine Zeilenlänge von etwa 30 Buchstaben; infolgedes ist die Hinzufügung von „βασιλεύς" unmöglich. [2]) Arsinoe wird die erste Frau des Philadelphus sein, da bei der zweiten Frau die Namen der gemeinsamen Eltern hinter ihren Namen gesetzt sein würden.

19. Inschrift in der Mauer einer Kirchenruine auf Chios. Nach einer Abschrift Fustel de Coulanges' aus dem Jahre 1854, mitgeteilt im BCH. 1892 XVI 324 Homolle.

ὑπὲρ βασιλ]έως Πτολεμαί[ου καὶ βασιλίσσ]ης Ἀρσινόης[1])....

[1]) Die Inschrift kann mit gleichem Recht auf Ptolemäus IV bezogen werden.

20. Basis von grauem Marmor auf Amorgos, nicht für Statuen. MA. 1876 I 336 Weil; 1894 XIX 235 Strack, woselbst No. 20—32 zusammengestellt sind.

Ἀρσινόης Φι|λαδέλφου.

21. Basis aus weissem Marmor auf Amorgos, nicht für Statuen. MA. 1876 I 336 Weil.

Ἀρσινόης | Φιλαδέλφου.

22. Stein aus Amathus auf Cypern, jetzt im Louvre, nicht für Statuen. Le Bas III 2821.

Ἀρσινόης Φιλαδέλφου.

22 a. Blauer Kalkstein in der Kirchenruine der Stadt Thera, nicht veröffentlicht.

Ἀρσινόης | Φιλαδέλφου.

22 b. Stein im Louvre, Fundort unbekannt. CIGr. 4959; Letronne II 241; Fröhner, catal. des inscr. du Louvre 5.

Ἀρσινόης θεᾶς | Φιλαδέλφου.

23. Stein in Methymna auf Lesbos. CIGr. II add. 2168c.

Ἀ]ρσινόης [θεᾶς? | Φιλ]αδέλ[φου.

24. Marmortafel aus Alexandrien, jetzt im Museum von Marseille. RA. 1886 I S. 272 Jullian.

Ἀρσινόηι | Φιλαδέλφωι.

25. Vase aus ägyptischem Porzellan mit einer weiblichen Relieffigur, jetzt im brittischen Museum. Arch. Zeit. 1874 S. 113.

Ἀγαθῆς τύχης Ἀρσινόης Φιλαδέλφου.

26. Stein am Wüstentempel von Redesiye in der Thebais. CIGr. add. 4836 b.; Letronne II 241; Lepsius XII 81 No. 128; Fleckeisens Jahrb. 1896 S. 167 Schwarz.

Ἀρσινόηι θεᾶι | Φιλαδέλφηι | Σάτυρος.

27. Block aus schwarzem Granit gefunden in den Ruinen des alten Bruchium, jetzt verbaut unter der sog. Pompeiussäule in Alexandrien. RA. 1864 I S. 380, bull. dell' instituto 1866 S. 44 Wescher.

Ἀρσινόην Φιλάδελφον | [Θ]έστωρ Σατύρου Ἀλεξανδρεύς.

28. Fundamentstein eines Tempels von Ptolemais in Kyrene. CIGr. 5184; Letronne, journal des savants 1828 S. 260; Droysen III² 3 S. 333.

βασίλισσαν Ἀρσινόην, θεὰ[ν Φιλάδελφον¹),] | τὴν Πτολεμαίου καὶ Βερενίκης [θεῶν Σωτήρων (?)] | ἡ πόλις.

¹) Droysen hält a. a. O. seine frühere Ergänzung (Rh. Mus. 1829 S. 539 Anm.) θεὰν Φιλοπάτορα aufrecht. Der Grund, Philadelphus habe Kyrene nicht besessen, kann angesichts der frühzeitigen Verlobung seines Sohnes Euergetes mit der Erbin von Kyrene nicht den Ausschlag geben. Die vielen anderen Ehreninschriften für die zweite Arsinoe machen die Beziehung auch dieser Inschrift auf des zweiten Ptolemäers Frau wahrscheinlich.

29. Basis einer weiblichen Statue in Neapel, bekannt nur aus Scheden. CIGr. 5795; CISic. et Ital. 727.

βασίλισσαν Ἀρσινόην βασιλέως Πτολεμαίου καὶ βασιλίσσης Βερενίκης Στρατονίκη βασιλέως Δημητρίου . . . .

30. Weisse dicke Marmortafel im Museum von Alexandrien. Botti 128: MA. 1894 XIX 234 Strack.

Ἴσιδι¹) Ἀ]ρσινόηι | [Φιλαδέ]λφωι Θέ[²)στ|ωρ(?) ὑπὲ]ρ³) αὐτοῦ καὶ | [τῆς γυ]ναικὸς καὶ | [τῶν π]αιδίων.

¹) Meine früher vorgeschlagene Ergänzung θεᾶι Ἀ]ρσινόηι halte ich für unrichtig, da θεός nur zu dem Beinamen tritt oder selbständiger Beiname ist bei den Ptolemäern. ²) Botti θε[ῷ]. ³) Botti hat das P nicht.

31. Inschrift auf der Brust einer Kalksteinstatuette in Chytrea auf Cypern. Cesnola, Cypern 416 No. 9; Sakellarios I² 207 No. 8.

Ἀρσινόηι Φιλαδέλφωι Ναιάδι | Ἀριστοκλῆς Ἀριστοκλέους | Ἀλεξανδρεύς.

32. Inschrift am Arsinoeion auf Samothrake. Archäol. Untersuchungen auf Samothrake 1875 I 16 f., 1880 II 111 Conze, Hauser; Bull. dell' instituto 1876 S. 110 Matz-Duhn.

βασ]ίλισσα Ἀ[ρσινόη βασιλέως Πτολεμ]αίου θυγα[τὴρ |
βασιλέ[ως Λυσιμάχου γυνὴ εὐχὴν (?) θε]οῖς μεγά[λοις.

---

33. Grosse Schatzurkunde des Tempels des Apollo und anderer Götter auf Delos. Marmor. Homolle, les archives de l'intendance sacrée à Delos S. 132 No. 54. Darin lautet Z. 64 (nach S. 59 Anm. 2):

Φιάλαι] Δηλιάδων, χορεῖα ἐπιδόντος Ἑρμίου, Ἀρσινόει Φιλαδέλφῳ καὶ Ἀπόλλωνι, Ἀρτέμιδι, Λητοῖ.

34. Weisse Marmorbasis aus dem Amphiareion bei Oropus. CIGr Sept. I 298 und etwas vollständiger Ephemeris arch. 1891 S. 114 Leonardos.

Βασίλισσαν Ἀρ[σινόην.

Darunter ein Ehrendekret für Phormion, den Sohn des Nymphaios aus Byzanz, den ‚Freund des Königs Ptolemäus', das nach den Schlussworten auf die Basis der Bilder des Königs Ptolemäus und der Königin Arsinoe geschrieben werden sollte. Von Leonardos und Dürrbach, de Oropo et Amphiarai sacro 49, der Zeit des Philopator zugewiesen.

35. Kalksteinstele aus Ptolemais in der Thebais (Menschiye), jetzt im Museum von Gize. BCH. IX 140 Masperò-Miller. Ich gebe die Inschrift vollständig wegen einiger Verbesserungen, die sich bei einer Vergleichung des Millerschen Textes mit dem Original mir ergaben:

ἔδοξεν τοῖς τεχνίταις τοῖς περὶ τὸν | Διόνυσον καὶ θεοὺς Ἀδελφοὺς καὶ τοῖς | τὴν σύνοδον νέμουσιν· [στ]εφανῶσαι | Διονύσιον Μουσαίου¹) πρύτανιν διὰ βίου | [κ]ισσοῦ στεφάνωι κατὰ τὰ πάτρια, εὐνοίας ἕνεκα | τῆς εἰς τὴν πόλιν τὴν Πτολεμαιέων | καὶ τοὺς τεχνίτας τοὺς [περὶ] τὸν μέγαν | Διόνυσον καὶ θεοὺς Ἀδελφοὺς |, ἀναγ[ορε]ῦσαι δὲ τὸν στέφανον τοῖς | Διονυ[σίοι]ς καὶ ἀναγραφῆναι [τὸ] | ψήφισ[μα] τόδε εἰς στή[λ]ην [καὶ] ἀναθεῖναι | πρὸ τοῦ νεὼ τοῦ Διονύσου· τὸ δὲ ἀνά[λωμα] τὸ εἰς τὴν στήλην δοῦναι τὸν [οἰκον]όμο[ν | Σωσί]βιον²).

¹) Musaios wird in dem Ehrendekret für Lysimachus, Sohn des Ptolemäus als Komödiendichter genannt (No. 36). ²) Sosibios ist auch οἰκονόμος in No. 36.

36. Ehrendekret für Lysimachus, Sohn des Ptolemäus seitens der Corporation der dionysischen Künstler in Ptolemais (Menschiye). Weisse Kalksteinstele, jetzt in Gize. BCH. IX 132 Maspero-Miller. Das Dekret beginnt:

ἔδοξεν τεχνίταις τοῖς περὶ τὸν Διόνυσον καὶ θεοὺς Ἀδελφοὺς· ἐπειδὴ Λυσίμαχος Πτολεμαίου Σωστρατεὺς ὁ ἱππάρχης καὶ πρύτανις διὰ βίου τήν τε εἰς τὸν βασιλέα καὶ τοὺς τούτου γονεῖς εὔνοιαν .... ἀποδέδεικται u. s. w.

Die Inschriften habe ich in die Zeit des Philadelphus gesetzt: 1. der Datierung wegen der zweiten Inschrift, die nur nach makedonischem Kalender erfolgt; 2. wegen des gänzlichen Fehlens ägyptischer Namen in der Künstlerliste am Schluss der zweiten Inschrift; 3. wegen des Fehlens der Ehrentitel, die im 2. Jahrhundert in Aufnahme kommen; 4. auf grund des Ehrendekretes der Telmesser für Ptolemäus, den Sohn des Lysimachus unter Euergetes, in dem wohl ein Sohn unseres Lysimachus, Sohnes des Ptolemäus zu erblicken ist. (No. 51.)

37. Marmorblock aus Halikarnass im brittischen Museum. Ancient gr. inscr. IV[1] 897 Hirschfeld.

Grössere Inschrift über eine zinslose Anleihe für einen Stoa-Bau. Die Stoa wird geweiht:

Z. 4: τῶι Ἀπόλλωνι καὶ βασιλεῖ Πτολεμαίωι.

Von Hirschfeld auf Philadelphus bezogen.

Ueber die Beziehungen des Philadelphos zum Auslande vergl. ferner CIGr. 2267, 2356; CIA. II 332 = Dittenberger 163; BCH. 1880 IV 321 Homolle = Dittenberger 154; ebenda IV 327 = Dittenb. 155; BCH. 1893 XVII 205 Homolle, dazu BCH. 1894 XVIII 400 Holleaux, CIGr. II 2860 wegen des ἀρχιθέωρος Πάμφιλος, dessen Sohn (?) Ἄρειος unter Euergetes lebte; BCH. VII 5 Hauvette-Besnault.

Kalksteinplatte, verkauft in Alexandrien, Botti 127 Anm. 1. Gefälscht.

ὑπὲρ βασιλέως Πτολεμαίου | τοῦ Πτολεμαίου Σωτῆρος | Ἄδωτι (so) Διοσκόροις | Πτολεμαίῳ Σωτῆρι | Σιμωνίδης[1]).

[1]) Botti: Fabriquée par le trop connu Simonides, probablement d'après un bon original.

Ptolemäus III.

38. Dreisprachische Inschrift von Kanopus (Tanis) = A und ihre Copie von Kom-el-Hisn = B; beide im Museum zu Gize (gefunden 1866 und 1881), Saal 40 No. 290, 290 b. A. = Kalksteinstele, oben gerundet; im Rund die geflügelte Sonnenscheibe mit zwei Uräusschlangen. Auf der Vorderseite ist der hieroglyphische und griechische Text, auf der linken Schmalseite der demotische eingegraben. $2{,}22 \times 0{,}78 \times 0{,}40$. Die nicht sehr sorgfältige griechische Schrift ist durch einen Riss von r. nach l. etwas zerstört, sonst an einzelnen Stellen beschädigt.

Lepsius, das bilingue Dekret von Kanopus I Berlin 1866 (II nicht erschienen), dazu die Anzeige von v. Gutschmid, kl. Schriften I 375; Reinisch und Rösler, die zweisprachige Inschrift von Tanis, Wien 1866; P. Pierret, le décret trilingue de Canope Paris 1881 mit einer synoptischen Uebersetzung der drei Texte; Brugsch, thesaurus inscr. aegypt. 1891 VI S. XIV deutsche Uebersetzung der demot. Inschrift; Groff, le décret de Canope, revue égyptologique VI[1] 13—21, woselbst die übrige Litteratur; dazu Mahler, das Dekret von Kanopus, transactions of the ninth international congress of the Orientalists, London 1893 II 319—330; Mahaffy, the empire of the Ptolemies 226 bis 239.

B. = Kalksteinstele $2{,}03 \times 0{,}90 \times 0{,}40$ oben gerundet; im Rund die geflügelte Sonnenscheibe mit zwei Uräusschlangen; unter ihr ein Bild von 14 Figuren, z. t. mit beigeschriebenen Kartuschen, die königliche Familie in Anbetung vor den Göttern Aegyptens. Unter dem Bilde folgen sich auf der Vorderseite Hieroglyphisch, Demotisch, Griechisch. Der griechische Text in sorgfältiger kleiner Schrift ist rechts auf die Länge von 8—12 Buchstaben zerstört, sonst gut erhalten. Miller, découverte d'un nouvel exemplaire du décret de Canope, journal des savants 1883 S. 214—221; comptes rendus de l'académie des inscr. 1882 S. 85—90.

βασιλεύοντος Πτολεμαίου, τοῦ Πτολεμαίου καὶ Ἀρσινόης θεῶν Ἀδελφῶν, ἔτους ἐνάτου, ἐφ'[1]) ἱερέως Ἀπολλωνίδου τοῦ | Μοσχίωνος Ἀλεξάνδρου καὶ θεῶν Ἀδελφῶν καὶ θεῶν Εὐεργετῶν, κανηφόρου Ἀρσινόης Φιλαδέλφου Μενεκρατείας | τῆς Φιλάμμωνος, μηνὸς Ἀπελλαίου ἑβδόμῃ, Αἰγυπτίων δὲ Τῦβι ἑπτακαιδεκάτῃ.

Ψήφισμα.

Οἱ ἀρχιερεῖς | καὶ προφῆται καὶ οἱ εἰς τὸ ἄδυτον εἰσπορευόμενοι πρὸς τὸν στολισμὸν τῶν θεῶν καὶ πτεροφόραι καὶ ἱερογραμματεῖς καὶ | οἱ ἄλλοι ἱερεῖς οἱ συναντήσαντες ἐκ τῶν κατὰ τὴν χώραν 5 ἱερῶν εἰς τὴν πέμπτην τοῦ Δίου, ἐν ᾗ ἄγεται τὰ γενέθλια τοῦ | βασιλέως, καὶ εἰς τὴν πέμπτην καὶ εἰκάδα τοῦ αὐτοῦ μηνός, ἐν ᾗ παρέλαβεν τὴν βασιλείαν παρὰ τοῦ πατρός, συνεδρεύσαντες | ταύτῃ τῇ ἡμέρᾳ ἐν τῷ ἐν Κανώπῳ ἱερῷ τῶν Εὐεργετῶν Θεῶν εἶπαν.

Ἐπειδὴ βασιλεὺς Πτολεμαῖος Πτολεμαίου καὶ Ἀρσινόης Θεῶν Ἀδελφῶν, | καὶ βασίλισσα Βερενίκη ἡ ἀδελφὴ αὐτοῦ καὶ γυνή, Θεοὶ Εὐεργέται, διατελοῦσιν πολλὰ καὶ μεγάλα εὐεργετοῦντες τὰ κατὰ τὴν χώραν ἱερὰ καὶ | τὰς τιμὰς τῶν Θεῶν ἐπὶ πλέον[2]) αὔξοντες· τοῦ τε Ἄπιος καὶ τοῦ Μνηύιος καὶ τῶν λοιπῶν ἐνλογίμων ἱερῶν
10 ζῴων τῶν ἐν τῇ χώρᾳ τὴν | ἐπιμέλειαν διὰ παντὸς ποιοῦνται μετὰ μεγάλης δαπάνης καὶ χορηγίας· καὶ τὰ ἐξενεχθέντα ἐκ τῆς χώρας ἱερὰ ἀγάλματα ὑπὸ | τῶν Περσῶν ἐξστρατεύσας ὁ βασιλεὺς ἀνέσωσεν[3]) εἰς Αἴγυπτον καὶ ἀπέδωκεν εἰς τὰ ἱερὰ ὅθεν ἕκαστον ἐξ ἀρχῆς ἐξήχθη· τήν τε | χώραν ἐν εἰρήνῃ διατετήρηκεν, προπολεμῶν ὑπὲρ αὐτῆς πρὸς πολλὰ ἔθνη καὶ τοὺς ἐν αὐτοῖς δυναστεύοντας καὶ τοῖς ἐν τῇ χώρᾳ | πᾶσιν καὶ τοῖς ἄλλοις τοῖς ὑπὸ τὴν αὐτῶν βασιλείαν τασσομένοις τὴν εὐνομίαν παρέχουσιν, τοῦ τε ποταμοῦ ποτε ἐλλιπέστερον[4]) ἀνα | βάντος καὶ πάντων τῶν ἐν τῇ χώρᾳ καταπεπληγμένων ἐπὶ τῷ συμβεβηκότι καὶ ἐνθυμουμένων τὴν γεγενημένην κατα-
15 φθορὰν | ἐπὶ τινων τῶν πρότερον βεβασιλευκότων, ἐφ' ὧν συνέβη ἀβροχίαις περιπεπτωκέναι τοὺς τὴν χώραν κατοικοῦντας, προστάντες κηδεμο | νικῶς τῶν τε ἐν τοῖς ἱεροῖς καὶ τῶν ἄλλων τῶν τὴν χώραν κατοικούντων, πολλὰ μὲν προνοηθέντες, οὐκ ὀλίγας δὲ τῶν προσόδων ὑπερ | ιδόντες ἕνεκα τῆς τῶν ἀνθρώπων σωτηρίας, ἔκ τε Συρίας καὶ Φοινίκης καὶ Κύπρου καὶ ἐξ ἄλλων πλειόνων τόπων σῖτον μεταπεμ- | ψάμενοι εἰς τὴν χώραν τιμῶν μειζόνων διέσωσαν τοὺς τὴν Αἴγυπτον κατοικοῦντας, ἀθάνατον εὐεργεσίαν καὶ τῆς αὐτῶν[5]) ἀρετῆς | μέγιστον ὑπόμνημα καταλείποντες τοῖς τε νῦν οὖσιν καὶ τοῖς ἐπιγινομένοις, ἀνθ' ὧν οἱ θεοὶ δεδώκασιν αὐτοῖς εὐσταθοῦσαν τὴν
20 βασιλεί | αν καὶ δώσουσιν τἄλλ'[6]) ἀγαθὰ πάντα εἰς τὸν ἀεὶ χρόνον.

ἀγαθῇ τύχῃ

δεδόχθαι τοῖς κατὰ τὴν χώραν ἱερεῦσιν· τάς τε προυπαρχούσας | τιμὰς ἐν τοῖς ἱεροῖς βασιλεῖ Πτολεμαίῳ καὶ βασιλίσσῃ Βερενίκῃ Θεοῖς Εὐεργέταις, καὶ τοῖς γονεῦσιν αὐτῶν, Θεοῖς Ἀδελφοῖς, καὶ τοῖς προγόνοις | Θεοῖς Σωτῆρσιν αὔξειν· καὶ τοὺς ἱερεῖς τοὺς ἐν ἑκάστῳ τῶν κατὰ τὴν χώραν ἱερῶν προσονομάζεσθαι ἱερεῖς καὶ τῶν Εὐεργετῶν Θεῶν· καὶ ἐνγράφεσθαι | ἐν πᾶσιν τοῖς χρηματισμοῖς, καὶ ἐν τοῖς δακτυλίοις, οἷς φοροῦσιν, προσενκολάπτεσθαι[7]) καὶ τὴν ἱερωσύνην τῶν Εὐεργετῶν Θεῶν· προσαποδειχθῆ- | ναι δὲ πρὸς[8]) ταῖς νῦν ὑπαρχούσαις τέσσαρσι φυλαῖς τοῦ πλήθους τῶν

ἱερέων των ἐν ἑκάστῳ ἱερῷ καὶ ἄλλην, ἣ προσονομασθήσεται πέμ-|
πτη φυλὴ τῶν Εὐεργετῶν θεῶν, ἐπεὶ καὶ⁹) σὺν τῇ ἀγαθῇ τύχῃ καὶ
τὴν γένεσιν βασιλέως Πτολεμαίου, τοῦ τῶν θεῶν Ἀδελφῶν, συμβέ-
βηκεν | γενέσθαι τῇ πέμπτῃ τοῦ Δίου, ἣ καὶ πολλῶν ἀγαθῶν ἀρχὴ
γέγονεν πᾶσιν ἀνθρώποις· εἰς δὲ τὴν φυλὴν ταύτην καταλεχθῆναι
τοὺς ἀπὸ | τοῦ πρώτου ἔτους γεγενημένους ἱερεῖς καὶ τοὺς προς-
καταταγησομένους ἕως μηνὸς Μεσορὴ τοῦ ἐν τῷ ἐνάτῳ ἔτει, καὶ
τοὺς τούτων¹⁰) ἐκγόνους εἰς τὸν ἀεὶ | χρόνον, τοὺς δὲ προϋπάρχοντας
ἱερεῖς ἕως τοῦ πρώτου ἔτους εἶναι ὡσαύτως ἐν ταῖς αὐταῖς φυλαῖς
ἐν αἷς πρότερον ἦσαν, ὁμοίως δὲ καὶ τοὺς | ἐκγόνους αὐτῶν ἀπὸ
τοῦ νῦν καταχωρίζεσθαι εἰς τὰς αὐτὰς φυλὰς ἐν αἷς οἱ πατέρες
εἰσίν· ἀντὶ δὲ τῶν εἴκοσι βουλευτῶν ἱερέων τῶν αἱρουμένων | κατ'
ἐνιαυτὸν ἐκ τῶν προϋπαρχουσῶν τεσσάρων φυλῶν, ἐξ ὧν πέντε ἀφ'
ἑκάστης φυλῆς λαμβάνονται, εἴκοσι καὶ πέντε τοὺς βουλευτὰς | ἱερεῖς
εἶναι, προσλαμβανομένων ἐκ τῆς πέμπτης φυλῆς τῶν Εὐεργετῶν
θεῶν ἄλλων πέντε· μετέχειν δὲ καὶ τοὺς ἐκ τῆς πέμπτης | φυλῆς
τῶν Εὐεργετῶν θεῶν τῶν ἁγνειῶν καὶ τῶν ἄλλων ἁπάντων τῶν
ἐν τοῖς ἱεροῖς· καὶ φύλαρχον αὐτῆς εἶναι, καθ' ἃ καὶ ἐπὶ τῶν ἄλλων
τεσ-|σάρων φυλῶν ὑπάρχει καὶ ἐπειδὴ καθ' ἕκαστον μῆνα ἄγονται
ἐν τοῖς ἱεροῖς ἑορταὶ τῶν Εὐεργετῶν θεῶν κατὰ τὸ πρότερον γραφὲν
ψήφισμα | ᾗ τε πέμπτῃ καὶ ἡ ἐνάτῃ καὶ ἡ πέμπτη ἐπ' εἰκάδι, τοῖς
τε ἄλλοις μεγίστοις θεοῖς κατ' ἐνιαυτὸν συντελοῦνται ἑορταὶ καὶ
πανηγύρεις δημοτελεῖς,| ἄγεσθαι κατ' ἐνιαυτὸν πανήγυριν δημο-
τελῆ ἔν τε τοῖς ἱεροῖς καὶ καθ' ὅλην τὴν¹¹) χώραν βασιλεῖ Πτολεμαίῳ
καὶ βασιλίσσῃ Βερενίκῃ | θεοῖς Εὐεργέταις τῇ ἡμέρᾳ, ἐν ᾗ ἐπιτέλλει
τὸ ἄστρον τὸ τῆς Ἴσιος, ἣ νομίζεται διὰ τῶν ἱερῶν γραμμάτων
νέον ἔτος εἶναι, ἄγεται δὲ νῦν ἐν τῷ | ἐνάτῳ ἔτει νουμηνίᾳ τοῦ
Παῦνι μηνός, ἐν ᾧ καὶ τὰ μικρὰ Βουβάστια καὶ τὰ μεγάλα Βου-
βάστια ἄγεται καὶ ἡ συναγωγὴ τῶν καρπῶν καὶ ἡ τοῦ | ποταμοῦ
ἀνάβασις γίνεται· ἐὰν δὲ καὶ συμβαίνῃ τὴν ἐπιτολὴν τοῦ ἄστρου
μεταβαίνειν εἰς ἑτέραν ἡμέραν διὰ τεσσάρων ἐτῶν, μὴ μετατί-|
θεσθαι τὴν πανήγυριν, ἀλλ' ἄγεσθαι¹²) ὁμοίως¹³) τῇ νουμηνίᾳ τοῦ
Παῦνι, ἐν ᾗ καὶ ἐξ ἀρχῆς ἤχθη ἐν τῷ ἐνάτῳ ἔτει· καὶ συντελεῖν
αὐτὴν ἐπὶ ἡμέρας | πέντε μετὰ στεφανηφορίας καὶ θυσιῶν καὶ σπον-
δῶν καὶ τῶν ἄλλων τῶν προσηκόντων· ὅπως δὲ καὶ αἱ ὧραι τὸ
καθῆκον ποιῶσιν διαπαντὸς κατὰ τὴν νῦν | οὖσαν κατάστασιν¹⁴)
τοῦ κόσμου καὶ μὴ συμβαίνῃ τινὰς τῶν δημοτελῶν ἑορτῶν τῶν
ἀγομένων ἐν τῷ χειμῶνι ἄγεσθαί ποτε ἐν τῷ θέρει, τοῦ ἄστρου |

μεταβαίνοντος μίαν ἡμέραν διὰ τεσσάρων ἐτῶν, ἑτέρας δὲ τῶν νῦν
ἀγομένων ἐν τῷ θέρει ἄγεσθαι ἐν τῷ χειμῶνι ἐν τοῖς μετὰ ταῦτα
καιροῖς, καθάπερ πρό-|τερόν τε συμβέβηκεν γενέσθαι, καὶ[15]) νῦν
ἂν ἐγίνετο τῆς συντάξεως τοῦ ἐνιαυτοῦ μενούσης ἐκ τῶν τριακοσίων
καὶ[16]) ἑξήκοντα ἡμερῶν καὶ τῶν ὕστερον προς-|νομισθεισῶν ἐπά-
γεσθαι πέντε ἡμερῶν, ἀπὸ τοῦ νῦν μίαν ἡμέραν ἑορτὴν τῶν Εὐερ-
γετῶν θεῶν ἐπάγεσθαι διὰ τεσσάρων ἐτῶν ἐπὶ ταῖς πέντε ταῖς |
45 ἐπαγομέναις πρὸ τοῦ νέου ἔτους, ὅπως ἅπαντες εἰδῶσιν, διότι τὸ
ἐλλεῖπον[17]) πρότερον περὶ τὴν σύνταξιν τῶν ὡρῶν καὶ τοῦ ἐνιαυτοῦ
καὶ τῶν νομιζο-|μένων περὶ τὴν ὅλην διακόσμησιν τοῦ πόλου διωρ-
θῶσθαι καὶ ἀναπεπληρῶσθαι συμβέβηκεν διὰ τῶν Εὐεργετῶν θεῶν:
καὶ ἐπειδὴ τὴν ἐγ βασιλέως Πτολεμαίου | καὶ βασιλίσσης Βερε-
νίκης θεῶν Εὐεργετῶν γεγενημένην θυγατέρα καὶ ὀνομασθεῖσαν
Βερενίκην, ἣ καὶ βασίλισσα εὐθέως ἀπεδείχθη, συνέβη ταύτην πάρ-
θενον | οὖσαν ἐξαίφνης μετελθεῖν εἰς τὸν ἀέναον κόσμον ἔτι ἐνδη-
μούντων παρὰ τῷ βασιλεῖ τῶν ἐκ τῆς χώρας παραγινομένων πρὸς
αὐτὸν κατ' ἐνιαυτὸν ἱερέων, | οἳ μέγα μὲν[18]) πένθος ἐπὶ τῷ συμ-
βεβηκότι εὐθέως συνετέλεσαν, ἀξιώσαντες δὲ τὸν βασιλέα καὶ τὴν
βασίλισσαν ἔπεισαν καθιδρῦσαι τὴν θεὰν μετὰ τοῦ Ὀσίριος[19]) ἐν
50 τῷ | ἐν Κανώπῳ ἱερῷ, ὃ οὐ μόνον ἐν τοῖς πρώτοις ἱεροῖς ἐστιν, ἀλλὰ
καὶ ὑπὸ τοῦ βασιλέως καὶ τῶν κατὰ τὴν χώραν πάντων ἐν τοῖς
μάλιστα τιμωνένοις ὑπάρχει — | καὶ ἡ ἀναγωγὴ τοῦ ἱεροῦ πλοίου τοῦ
Ὀσείριος εἰς τοῦτο τὸ ἱερὸν κατ' ἐνιαυτὸν γίνεται ἐκ τοῦ ἐν τῷ
Ἡρακλείῳ ἱεροῦ τῇ ἐνάτῃ καὶ εἰκάδι τοῦ Χοίαχ, τῶν ἐκ τῶν πρώ-|
των ἱερῶν πάντων θυσίας συντελούντων ἐπὶ τῶν ἱδρυμένων ὑπ'
αὐτῶν βωμῶν ὑπὲρ ἑκάστου ἱεροῦ τῶν πρώτων ἐξ ἀμφοτέρων τῶν
μερῶν τοῦ δρόμου — | μετὰ δὲ ταῦτα (τὰ)[20]) πρὸς τὴν ἐκθέωσιν
αὐτῆς νόμιμα καὶ τὴν τοῦ πένθους ἀπόλυσιν ἀπέδωκαν μεγαλο-
πρεπῶς καὶ κηδεμονικῶς, καθάπερ καὶ ἐπὶ τῷ Ἄπει Μνήυει[21]) |
εἰθισμένον ἐστὶν γίνεσθαι·
  δεδόχθαι συντελεῖν τῇ ἐκ τῶν Εὐεργετῶν θεῶν γεγενημένῃ
55 βασιλίσσῃ Βερενίκῃ τιμὰς ἀιδίους ἐν ἅπασι τοῖς | κατὰ τὴν χώραν
ἱεροῖς· καὶ ἐπεὶ εἰς θεοὺς μετῆλθεν ἐν τῷ Τῦβι μηνὶ, ἐν ᾧπερ καὶ
ἡ τοῦ Ἡλίου θυγάτηρ ἐν ἀρχῇ μετήλλαξεν τὸν βίον, ἣν ὁ πατὴρ
στέρξας ὠνό-|μασεν ὅτε μὲν Βασιλείαν ὅτε δὲ[22]) Ὅρασιν αὐτοῦ,
καὶ ἄγουσιν αὐτῇ ἑορτὴν καὶ περίπλουν ἐν πλείοσιν ἱεροῖς τῶν πρώ-
των ἐν τούτῳ τῷ μηνὶ, ἐν ᾧ ἡ ἀποθέωσις αὐτῆς | ἐν ἀρχῇ ἐγενήθη,
συντελεῖν καὶ βασιλίσσῃ Βερενίκῃ τῇ ἐκ τῶν Εὐεργετῶν θεῶν ἐν

ἄπασι τοῖς κατὰ τὴν χώραν ἱεροῖς ἐν τῷ Τῦβι μηνὶ ἑορτὴν καὶ πε- | ρίπλουν ἐφ' ἡμέρας τέσσαρας ἀπὸ ἑπτακαιδεκάτης[23]), ἐν ᾗ ὁ περίπλους καὶ ἡ τοῦ πένθους ἀπόλυσις ἐγενήθη αὐτῇ τὴν ἀρχήν· συντελέσαι δ' αὐτῆς καὶ | ἱερὸν ἄγαλμα χρυσοῦν διάλιθον ἐν ἑκάστῳ τῶν πρώτων καὶ δευτέρων ἱερῶν, καὶ καθιδρῦσαι ἐν τῷ ἁγίῳ ὃ ὁ προφήτης[24]) ἢ τῶν εἰς τὸ ἄδυτον εἰσπορευομένων[25]) | ἱερέων πρὸς 60 τὸν στολισμὸν τῶν θεῶν οἴσει ἐν ταῖς ἀγκάλαις, ὅταν αἱ ἐξοδεῖαι καὶ πανηγύρεις τῶν λοιπῶν θεῶν γίνονται, ὅπως ὑπὸ πάντων ὁρώμενον | τιμᾶται καὶ προσκυνῆται καλούμενον ‚Βερενίκης ἀνάσσης παρθένων'· εἶναι δὲ τὴν ἐπιτιθεμένον βασιλείαν τῇ εἰκόνι αὐτῆς διαφέρουσαν τῆς ἐπιτιθεμένης | ταῖς εἰκόσιν τῆς μητρὸς αὐτῆς βασιλίσσης Βερενίκης ἐκ σταχύων δυῶν, ὧν ἀνὰ μέσον ἔσται ἡ ἀσπιδοειδὴς βασιλεία, ταύτης δ' ὀπίσω σύμμετρον σκῆπτρον | παπυροειδές, ὃ εἰώθασιν αἱ θεαὶ ἔχειν ἐν ταῖς χερσίν, περὶ οὗ[26]) καὶ ἡ οὐρὰ τῆς βασιλείας ἔσται περιειλημμένη[27]) ὥστε καὶ ἐκ τῆς διαθέσεως τῆς βασιλείας δια-|σαφεῖσθαι τὸ Βερενίκης ὄνομα κατὰ τὰ ἐπίσημα τῆς ἱερᾶς γραμματικῆς· καὶ ὅταν τὰ Κικήλλια ἄγηται ἐν τῷ Χοϊαχ μηνὶ πρὸ τοῦ περίπλου τοῦ Ὀσείριος κατα-|σκευάσαι τὰς παρθένους τῶν 65 ἱερέων ἄλλο ἄγαλμα Βερενίκης, ἀνάσσης παρθένων, ᾧ συντελέσουσιν ὁμοίως θυσίαν καὶ τἆλλα τὰ συντελούμενα νό-|μιμα τῇ ἑορτῇ ταύτῃ· ἐξεῖναι δὲ κατὰ ταυτὰ καὶ ταῖς ἄλλαις παρθένοις ταῖς βουλομέναις συντελεῖν τὰ νόμιμα τῇ θεῷ· ὑμνεῖσθαι δ' αὐτὴν καὶ ὑ-|πὸ τῶν ἐπιλεγομένων ἱερῶν[28]) παρθένων καὶ τὰς χρείας παρεχομένων τοῖς θεοῖς, περικειμένων τὰς ἰδίας βασιλείας τῶν θεῶν, ὧν ἱέρειαι νομίζονται | εἶναι[29])· καὶ ὅταν ὁ πρώϊμος[30]) σπόρος παραστῇ, ἀναφέρειν τὰς ἱερὰς παρθένους στάχυς τοὺς παρατεθησομένους[31]) τῷ ἀγάλματι τῆς θεοῦ· ᾄδειν δ' εἰς αὐτήν | καθ' ἡμέραν καὶ ἐν ταῖς ἑορταῖς καὶ πανηγύρεσιν τῶν λοιπῶν θεῶν τούς τε ᾠδοὺς ἄνδρας καὶ τὰς γυναῖκας, οὓς ἂν ὕμνους οἱ ἱερογραμματεῖς γρά-|ψαντες δῶσιν τῷ ᾠδο- 70 διδασκάλῳ, ὧν καὶ τἀντίγραφα[32]) καταχωρισθήσεται εἰς τὰς ἱερὰς βύβλους· καί, ἐπειδὴ τοῖς ἱερεῦσιν δίδονται αἱ τροφαὶ ἐκ τῶν | ἱερῶν, ἐπὰν ἐπαχθῶσιν εἰς τὸ πλῆθος, δίδοσθαι ταῖς θυγατράσιν τῶν ἱερέων ἐκ τῶν ἱερῶν προσόδων, ἀφ' ἧς ἂν ἡμέρας γένωνται, τὴν συνκριθησομέ-|νην τροφὴν ὑπὸ τῶν βουλευτῶν ἱερέων τῶν ἐν ἑκάστῳ τῶν[33]) ἱερῶν κατὰ λόγον τῶν ἱερῶν προσόδων· καὶ τὸν διδόμενον ἄρτον ταῖς γυναιξὶν | τῶν ἱερέων ἔχειν ἴδιον τύπον καὶ καλεῖσθαι ‚Βερενίκης ἄρτον'.

ὁ δ' ἐν ἑκάστῳ τῶν ἱερῶν καθεστηκὼς ἐπιστάτης καὶ ἀρχιερεὺς

καὶ οἱ τοῦ ἱεροῦ | γραμματεῖς ἀναγραψάτωσαν τοῦτο τὸ ψήφισμα εἰς στήλην λιθίνην ἢ χαλκῆν ἱεροῖς γράμμασιν καὶ Αἰγυπτίοις καὶ
75 Ἑλληνικοῖς καὶ ἀναθέ-|τωσαν ἐν τῷ ἐπιφανεστάτῳ τόπῳ τῶν τε πρώτων ἱερῶν καὶ δευτέρων καὶ τρίτων[34]) ὅπως οἱ κατὰ τὴν χώραν ἱερεῖς φαίνωνται τιμῶντες[35]) τοὺς Εὐεργετὰς θεοὺς καὶ τὰ τέκνα αὐτῶν, καθάπερ δίκαιόν ἐστιν.

Ein drittes sehr zerstörtes Exemplar dieses Dekretes ist laut Maspero-Morgan, Catalogue de Gize 353 in Cairo gefunden und befindet sich jetzt im Louvre C 122.

Der griechische Text der Dekrete von Kanopus und Kom-el-Hisn ist von mir in Gize verglichen. Ich führe die Abweichungen der beiden von einander an, nicht die Stellen, wo eins der Dekrete zerstört ist. A = Dekret von Kanopus, B = Dekret von Kom-el-Hisn.

[1]) ἐπί B. [2]) πλεῖον B. [3]) ἀνέσωσε AB. [4]) ἐνλιπέστερον B. [5]) αὐτῶν Lepsius. [6]) τἆλλα ἀγαθά B. [7]) προσενκολάπτεσθαι B. [8]) προις AB. [9]) καὶ AB, von Lepsius [ ]. [10]) τούτων Lepsius, τ... A, B zerstört. [11]) τηνήτην A. [12]) ἀλλὰ ἄγεσθαι B. [13]) ὁμοίως B, fehlt in A. [14]) καταστασασιν A. [15]) κα A. [16]) καί A, fehlt in B. [17]) ἐνλεῖπον B. [18]) μὲν B, fehlt in A. [19]) Ὀσείριος B. [20]) τά fehlt in AB. [21]) Ἄπει Μηνύει B, in A zerstört, Ἄπει καὶ Μηνύει Lepsius. [22]) ὅτε δὲ B, ὅτε A. [23]) ἑπτακαιδε- (Lücke von 6 Buchst.) -κάτηι A, in B zerstört. [24]) ὁ δὲ προφήτης A, ὅ ὁ προφήτης B. [25]) εἰρημένων AB, εἰσπορευομένων L. [26]) περὶ ὅ B. [27]) περιειλημμένη B. [28]) ἱερειῶν A, ἱερῶν B. [29]) ειχακαι A, zerstört in B. [30]) πρώϊμος B, προώριμος A. [31]) παραθησομένους A. [32]) τὰ ἀντίγραφα B. [33]) ἐν ἑκάστῳ τῶν ἱερῶν A, ἐν ἑκάστῳ ἱερῷ B. [34]) τῶν τε α' ἱερῶν καὶ β' καὶ γ' A aus Platzmangel. [35]) τιμῶντας A.

89. Inschrift auf einem Marmorsessel in Adulis, überliefert nur durch die topographia christiana des Kosmos Indikopleustes. CIGr. 5127; Revue de l'histoire des religions 1891 XXIV 316 (Deramey); D. H. Müller, epigraphische Denkmäler aus Abessynien 3.

βασιλεὺς μέγας Πτολεμαῖος, υἱὸς βασιλέως Πτολεμαίου καὶ βασιλίσσης Ἀρσινόης, θεῶν Ἀδελφῶν, τῶν βασιλέω[ς] Πτολεμαίου καὶ βασιλίσσης Βερενίκης, θεῶν Σωτήρων, ἀπόγονος τὰ μὲν ἀπὸ πατρὸς Ἡρακλέους τοῦ Διός, τὰ δὲ ἀπὸ μητρὸς Διονύσου τοῦ Διός, παραλαβὼν παρὰ τοῦ πατρὸς τὴν βασιλείαν Αἰγύπτου καὶ Λιβύης καὶ Συρίας καὶ Φοινίκης καὶ Κύπρου καὶ Λυκίας καὶ Καρίας καὶ τῶν Κυκλάδων νήσων ἐξεστράτευσεν εἰς τὴν Ἀσίαν μετὰ δυνάμεων πεζικῶν καὶ ἱππικῶν καὶ ναυτικοῦ στόλου καὶ ἐλεφάντων Τρωγλοδυτικῶν καὶ Αἰθιοπικῶν, οὓς ὅ τε πατὴρ αὐτοῦ καὶ αὐτὸς πρῶτος ἐκ τῶν χωρῶν τούτων ἐθήρευσαν καὶ καταγαγόντες εἰς Αἴγυπτον κατεσκεύασαν πρὸς τὴν πολεμικὴν χρείαν, κυριεύσας δὲ τῆς τε ἐντὸς Εὐφράτου χώρας πάσης καὶ Κιλικίας καὶ Παμφυλίας καὶ Ἰωνίας καὶ τοῦ Ἑλλησπόντου καὶ Θράκης καὶ τῶν δυνάμεων τῶν ἐν ταῖς χώραις ταύταις πασῶν καὶ ἐλεφάντων Ἰνδικῶν καὶ τοὺς μονάρχους τοὺς ἐν τοῖς τόποις πάντας ὑπηκόους καταστήσας διέβη τὸν Εὐφράτην ποταμὸν καὶ τὴν Μεσοποταμίαν καὶ Βαβυλωνίαν καὶ Σουσιανὴν καὶ Περσίδα καὶ Μηδίαν καὶ τὴν λοιπὴν [γῆν] πᾶσαν ἕως Βακτριανῆς ὑφ' ἑαυτῷ ποιησάμενος καὶ ἀναζητήσας ὅσα ὑπὸ τῶν Περσῶν ἱερὰ ἐξ Αἰγύπτου ἐξήχθη καὶ ἀνακομίσας μετὰ τῆς ἄλλης γάζης τῆς ἀπὸ τῶν τόπων εἰς Αἴγυπτον, δυνάμεις ἀπέστειλεν διὰ τῶν ὀρυχθέντων ποταμῶν ...

40. Goldblech aus Kanopus, jetzt im brittischen Museum. CIGr. 4694; Letronne I 2.

βασιλεὺς Πτολεμαῖος, Πτολεμαίου καὶ Ἀρσινόης | θεῶν Ἀδελφῶν, καὶ βασίλισσα Βερενίκη, ἡ ἀδελφὴ | καὶ γυνὴ αὐτοῦ, τὸ τέμενος Ὀσίρει¹).

¹) Das Goldblech ward in den Fundamenten eines Tempels gefunden.

41. Vier Fragmente einer Basis von grauem Kalkstein in Olympia. Arch. Zeit. 1879 XXXVII 54; Olympia V 296.

βασιλεὺς Πτολεμ]αῖος βασ[ιλέως | Πτολεμαίου καὶ βα]σιλίσσης | [Ἀρσινόης Γλαύκω]να Ἐτεοκλέους | [Ἀθηναῖον ἀρετῆ]ς ἕνεκεν | [καὶ εὐνοίας τῆς] πρὸς τὸν πατέρα | [..... καὶ τὴν] ἀδελφὴν | [.... καὶ] τὸν δῆμον.

Ueber Glaukon vergl. Olympia V 178; von Wilamowitz, Antigonos von Karystos 225 Anm. 47.

42. Basis aus grauem Kalkstein. Arch. Zeit. 1878 XXXVI 175 unvollständig; Olympia V 309.

βασιλεὺς Π[τολεμαῖο]ς | βασιλέα [Κλεομένε]α | Λακεδαιμονίων [Διὶ Ὀλυμπί]ωι.

43. Weisse, kleine Marmorplatte aus Siuf, in der Nähe von Ramleh bei Alexandrien, jetzt im Museum von Alexandrien. Rivista egiziana VI 21/22 (November 1894) Botti.

ὑπὲρ βασιλέως Πτολεμαίου, | τοῦ Πτολεμαίου καὶ Ἀρσινόης | θεῶν Ἀδελφῶν, καὶ βασιλίσσης | Βερενίκης τῆς γυναικὸς | καὶ ἀδελφῆς τοῦ βασιλέως, | θεῶν Εὐεργετῶν:[1]) καὶ θεοῖς | Ἀδελφοῖς Διὶ Ὀλυμπίωι καὶ Διὶ | Συνωμοσίωι τοὺς βωμοὺς | καὶ τὰ τεμένη καὶ τὴν συν|κύρουσαν αὐτοῖς γῆν Κλέων | καὶ Ἀντίπατρος οἱ ἱερεῖς | τοῦ Διός.

[1]) Die Punkte sind in der Platte.

44. Stein auf Astypalea. CIGr. II 2492.

βασιλέως | Πτολεμαίου | θεοῦ | Εὐεργέτα.

45. Weisser Marmorblock aus Cypern (Salamis?), jetzt im brittischen Museum. Ancient gr. inscr. II 383 Newton: Chronique d'Orient 5^2 351, RA. 1885 II 351 Reinach.

Σαράπιδι | βασιλεῖ Πτολ[εμαίωι | βασ]ιλίσσηι Βερ[ενίκηι] | θεοῖς Εὐεργέτ[αις] | Φιλῖνος Φιλοτί[μου] Ἀθηναῖο[ς.

46. Basis in Kition auf Cypern. RA. 1885 II 345 (chronique d'Orient) Reinach nach dem Wiener Journal „Die Heimat" 1881 S. 347; Sitz. bair. Ak. 1888 S. 320 Oberhummer, der die 1. Hälfte nach einer Photographie Ohnefalsch-Richters wiedergiebt. Die nicht auf der Photographie erhaltene Hälfte ist eingeklammert. Eine Anfrage meinerseits bei Richter in betreff der zweiten Hälfte blieb unbeantwortet.

βασιλέα Πτ[ολεμαῖον θεὸν Εὐεργέτην, τὸν ἐγ βασιλέων] | Πτολεμαίου καὶ Ἀρσινό[ης, θεῶν Φιλαδέλφων (so!), τὸν ἑαυτῶν προστάτην] | οἱ ἀπὸ γυμνασίο[υ.

47. Marmorblock im Hof eines Hauses zu Polis (Arsinoe) auf Cypern eingemauert. Le Bas III 2782 und vollständiger Sitz. bair. Ak. 1888 S. 319 Oberhummer.

ἐπὶ Πτο]λεμαίου το[ῦ Πτολεμαίου | καὶ Ἀρ]σινόης, θεῶ[ν Φιλαδέλφων, | φρουραρ]χοῦντος [κατὰ Ἀρσινόην | πόλιν Σι]ησαγόρου [..... | θεῶν Φι]λαδέλφω[ν .... | .... Τ]ιμώνακτ[ος ... | ...] ΟΥ.Λ[.... | .....] ΚΤΟΣ [.... | ....] ϽΝΧΡΟ.

Die Ergänzung von Oberhummer befriedigt nicht, vor allem weil das Regierungsjahr des Königs nicht ausgedrückt ist und weil bei einer Datierung nach einem König dieselbe mit βασιλεύοντος, nicht mit ἐπὶ eingeleitet wird. Die Inschrift war vermutlich eine Weihinschrift. Eine genügende Ergänzung vermag ich nicht zu geben. Als Versuch mag dienen:

ὑπὲρ βασιλέως Πτο]λεμαίον το[ῦ | Πτολεμαίου καὶ Ἀρ]σινόης
θεῶ[ν | Φιλαδέλφων (?), φρουραρ]χοῦντος [τοῦ | δεῖνα Στ]ησα-
γόρου [τὸ | τέμενος θεῶν Φι]λαδέλφω[ν ἱ]δρύσατο ὁ δεῖνα
Τ]ιμώνακτ[ος u. s. w.

48. Grüne Emailvase mit Relief aus Bengazi in der Kyrenais, im Besitz Beulé's. Journ. des savants 1862 März Beulé; Rayet-Collignon, histoire de la céramique grecque 1888 S. 371; Arch. Zeit. XXI 26 Anm. 58; MA. 1894 XIX 223 Strack.

θεῶν Εὐεργετῶν | Βερενίκης βασιλίσσης ἀγαθῆς τύχης[1]).

[1]) Berenike ist die jung verstorbene Tochter des Ptolemäus III (s. No. 39 Z. 47 f.). Das Relief zeigt eine libirende Frauengestalt mit Füllhorn. Vor ihr ein Altar mit dem ersten Teil der Inschrift, hinter ihr ein hoher bekränzter Pfeiler. Der Rest der Inschrift steht neben dem Altar.

49. Felsinschrift in Thera in der Nähe der Feststrasse, die auf die Akropolis von Thera führt; nicht veröffentlicht, mir von Hiller von Gärtringen gesandt.

Εὐεργετᾶν.

50. Felsinschrift in Thera zu einer grösseren Anlage gehörig; nicht veröffentlicht, mir von Hiller von Gärtringen gesandt; erwähnt MA. 1877 II 68 Weil.

ὑπὲρ β[ασ]ιλέως Πτολεμαίου θεοῖς
Ἀ[ρ]τε[μ]ίδ[ω]ρος[1]) Ἀπολλωνίο[υ] Περγαῖος·
[Ν]α[οὺ]ς Ἀρ[τ]εμίδωρος ἔτι προτέροις βασιλεῦσιν
[Ἔστε]ψε[ν] πάππωι καὶ νῦν βασιλεῖ Πτολεμαί[ῳ]
Αὐτοῖ[σι]ν γὰ[ρ] Θηραῖοι παρέχουσι τρέφοντες
Πτολέμ[α]ον Πτολεμ[αίο]υ ἀπὸ Πτολεμαίου ἄνακτος.

[1]) Der Donator ist noch durch zwei weitere Inschriften bekannt. Die eine — unveröffentlicht — steht auf einem Altar der Dioskuren in Thera und lautet:

βωμὸν ἔτευξε Διοσκούροις Σωτῆρσι θεοῖσιν Περγαῖος Ἀρτεμίδωρος
ἐπευχομένοισι βοηθούς,

die andere an oder bei dem Wüstentempel von Redesiye, zuletzt besprochen von Schwarz, Fleckeisens Jahrbücher 1896 S. 156:

Πανὶ Εὐόδῳ Σωτῆρι [Ἀρτεμίδωρος] Ἀπολλωνίου Πέργαος σωθεὶς ἐκ Τρωγοδυτῶν.

51. Weisse Marmorstele in Makri im Hause Luisides' (Telmessus). BCH. XIV 162 Fougères und Bérard.
Ehrendekret für Ptolemäus, den Sohn des Lysimachus (No. 36) seitens der Telmesser. Das Dekret beginnt:

ἀγαθῇ τύχῃ· [βα]σιλεύοντος Πτολεμαίου, τοῦ Πτολε[μα]ίου καὶ Ἀρσινόης θεῶν Ἀδελφῶν, ἔτους [ἑβδ]όμου, μηνὸς Δύστ[ρ]ου, ἐφ' ἱερέως Θεοδό[το]υ τοῦ Ἡρακλείδου δευτέραι, ἐκκλησίας κυ[ρί]ας γενομένης ἔδοξε Τελμησσέων [τ]ῇ πόλει· ἐπειδὴ Πτολεμαῖος ὁ Λυσιμά[χο]υ, παραλαβὼν τὴν πόλιν παρὰ βασιλέ[ως Πτ]ολεμαίου τοῦ Πτολεμαίου κακῶς διακειμένην διὰ τοὺς πολέμους u. s. w.

52. 2 Steine in Lissa in Lykien. Journ. of hell. stud. 1888 IX 88, Hicks nach Abklatschen von Bent.
Ehrendekrete für Hagepolis, Sohn des Lampon aus Rhodos und für Menekrates Sohn des X. aus Lissa. Das erstere beginnt:

βασιλεύο]ντος[ς Πτολεμαίου το]ῦ Πτολεμαίου ἔτους ἑνδεκάτου [μηνὸς . . . . . . ἐκκλησία]ς κυρίας γενομένης, ἔδοξε Λισσατῶν τῷ δήμῳ·

das zweite:

βασιλεύοντος Πτολεμαίου το[ῦ Π]τολ[εμ]α[ί]ου [ἔ]του[ς] ὀγδόου μηνὸς Ἀρτεμισίου, ἔδοξε Λισσατῶν τ[ῷ] δ[ή]μῳ κυρίας ἐκκλησίας γενομένης.

Die Dekrete werden mit Wahrscheinlichkeit ihrer Herkunft wegen dem Ptolemäus III zugewiesen. Mahaffy, the empire of the Ptolemies 487 bezieht sie auf Philadelphus.

Ueber die Beziehungen des Euergetes zum Auslande vergl. ferner BCH. III 470 Homolle = Dittenberger 169; CIGr. II 2905; MA. 1893 XVIII 349; CIA. II 381 (?).

Ptolemäus IV.

53. Weisse Marmortafel in Alexandrien, von Miller in der Sammlung Pugioli's gesehen. BCH. IX 146 Miller; RA. 1887 I 208 Nerutsos und wiederholt von letzterem: l'ancienne Alexandrie, 101.

βασιλεὺς Πτολεμαῖος, | βασιλέως Πτολεμαίου | καὶ βασιλίσσης Βερενίκης | θεῶν Εὐεργετῶν, | εὐοδίᾳ.

54. Weisse kylindrische Marmorbasis in Alexandrien. Comptes rendus de l'académie des inscr. 1873 S. 328, RA. 1874 I 49 Maspero-Miller; Ἀθήναιον 1874 S. 1 Nerutsos; Bull. de l'institut égypt. 1873, 5 XII No. 12.

ὑπὲρ βασιλέως Πτολεμαίου | καὶ βασιλίσσης Ἀρσινόης | θεῶν Φιλοπατόρων | Ἀπολώνιος Ἀμμωνίου καὶ | Τιμόκιον Κρισιλάου καὶ τὰ παιδία | Δήμητρι καὶ Κόρῃ(ι) καὶ Δικαιοσύνῃ(ι).

55. Inschrift 1892 in Alexandrien gefunden, mitgeteilt nach einem Abklatsch. Botti 129.

ὑπὲρ βασιλέως Πτολεμαίου | καὶ βασιλίσσης Ἀρσινόης | θεῶν Φιλοπατέρων (so!) | Σαράπιδι Ἴσιδι, Διόδωτος | Μυρταίου Ἀλεξανδρεὺς | καὶ οἱ υἱοὶ Διόδωτος, | Ἀπολλόδωτος, Δω[σίθε]ος, Ἀριστίων.

56. Schwarzer Marmorblock aus Edfu, jetzt in der Dhahabiye von Wilbour. BCH. 1894 XVIII 149; Wilcken bei Droysen, kleine Schriften II Anhang 483 und besprochen, Wochenschrift für klassische Philologie 1887 IV 827.

βασιλεῖ Πτολεμαίῳ καὶ | βασιλίσσῃ Ἀρσινόῃ θεοῖς | Φιλοπάτορσι καὶ Σαράπιδι καὶ | Ἴσιδι Λίχας Πύρρου Ἀκαρνὰν | στρατηγὸς ἀποσταλεὶς | ἐπὶ τὴν θήραν τῶν ἐλεφάν|των τόδε δεύτερον.

57. Marmortafel in Theben gekauft, jetzt in New-York, metropolitan museum. American journal of archaeology 1886 S. 151 Merriam.

ὑπὲρ β]ασιλέως Πτολεμαίου θε[οῦ | μ]εγάλου Φιλοπάτορος Σωτῆρος | καὶ Νικηφόρου καὶ τοῦ υἱοῦ Πτολεμαίο[υ] | Ἴσιδι Σαράπιδι Ἀπόλλωνι | Κόμων Ἀσκληπιάδου | οἰκονόμος τῶν κατὰ Ναύκρατιν.

58. Block, im Quai von Philae verbaut. Lepsius XII 82 No. 197.

ὑπὲρ βασιλέως Πτολεμαίου καὶ βασιλίσσης | Ἀρσινόης θεῶν Φιλοπατόρων καὶ Πτολεμαίῳ | τῷ υἱῷ αὐτῶν Σαράπιδι Ἴσιδι Σωτῆρσι | Σωκράτης Ἀπολλοδώρου Λοκ[ρός.

59. Rundaltar aus weissem Marmor, zur Hälfte erhalten, in Sestos MA. 1881 VI 211 Lolling.

ὑπὲρ βασιλέως Πτολεμαίου καὶ βασιλίσσης | Ἀρσινόης θεῶν Φιλοπατόρω[ν] | καὶ τοῦ υοῦ αὐτῶν Πτολεμα[ίο]υ θεοῖς τοῖς ἐν Σαμοθράκ[η] | Ἀριστιάρχη Μικύθου Περγαμηνή.

60. Stein in Thera im Gymnasium. Unveröffentlicht, mir gesandt von Hiller von Gärtringen.

[ὑπὲρ βασιλέως Πτολεμαίου καὶ βασιλίσσης | Ἀρσινόης θεῶν Φιλοπατόρων καὶ τῷ υἱῷ] | αὐτῶν Πτολεμαίῳ καὶ θεοῖς Ε[ὐεργέταις ὁ δεῖνα] | Θεοξένου Ἀλεξανδρεὺς τῶν δ[ιαδόχων] | ὁ τεταγμένος ἐπὶ Θήρας.

Die Zuteilung ist unsicher.

61. Blauer Marmor aus Halikarnass, jetzt im brittischen Museum. Ancient gr. inscr. IV[1] 907 Hirschfeld.

ὑπὲρ βα]σιλέως | [Πτο]λεμαίου | [καὶ βα]σιλίσσης | [Ἀρσι]νόης | [θε]ῶν | [Φιλοπα]τύρων.

63. Basis aus blauem Marmor in Salamis auf Cypern. Journ. of hell. stud. 1891 XII 177 Tubbs.

β]ασ[ιλέα Π]τολεμαῖον, τὸν Πτολεμαίο[υ | κ]αὶ Βερενίκης θεῶν Εὐεργετ[ῶν] Πέλοψ(?) Π[έλοπος.

64. Syenitblock in Neomaras auf Rhodos. CIGrIns. I 37 Hiller von Gärtringen.

βασιλέα Πτολε]μαῖον θεὸν Φιλοπάτο[ρα | βασιλέως Πτολ]εμαίου καὶ βασιλίσσα[ς | Βερενίκας][1]) θεῶν Εὐεργετ[ᾶ]ν.

[1]) Hiller ergänzt „Κλεοπάτρας" und bezieht die Inschrift auf Neos Philopator II, wahrscheinlich mit Unrecht: 1. weil der offizielle Name Νέος Φιλοπάτωρ gewesen zu sein scheint, 2. weil die Kleopatra II stets durch das Bei-

wort „ἀδελφή" von ihrer Mitregentin Kleopatra III unterschieden wird, 3. weil der junge Herrscher kaum eine Weihung ohne gleichzeitige Ehrung seines Vaters erhalten haben wird; wäre aber der Vater Euergetes auf dem links fehlenden Blocke genannt, so würde die Inschrift ähnlich wie No. 57—60 lauten.

65. Basis in Kuklia auf Cypern. Journ. of hell. stud. 1888 IX 253 Gardner; Sakellarios I[2] 102 No. 87.

..... ὑ]πὲρ Βασ[ιλείδου[1]) | τοῦ δεῖνα], τοῦ στρατηγ[οῦ καὶ | ναυάρχου καὶ ἀρχιερέως], εὐνοίας ἕνεκε[ν | ἧς] ἔχω[ν διατελεῖ] εἰς βασιλέ[α Πτ]ολεμαῖον καὶ [τὴν ἀ]δελφὴν [καὶ βασίλι]σσαν Ἀρσινόην, θεοὺς [Φιλο]πάτορ[ας κ]αὶ τὴν Παφίων πόλιν.

[1]) Gardner ergänzt ὑ]πὲρ βασ[ιλέως | .....] τοῦ στρατηγοῦ, und liest in den Majuskeln Z. 2: ΣΤ)ΥΣΤΡΑΤΗΓ.

66. Zweisprachige Goldplatte (hieroglyphisch) aus Alexandrien (gefunden an der Stelle der jetzigen neuen Bank s. Mahaffy, the empire of the Ptolemies 73), im Besitz des Architecten Lumbroso und dem Louvre zu Kauf angeboten laut einer Nachricht Bottis in der Rivista egiziana 1894 November.

Recueil de travaux relatifs à l'archéologie égyptienne VII 140 Maspero; danach Wiedemann, Jahresbericht Philol. 1888 S. 345; Nerutsos, l'ancienne Alexandrie 22; Brugsch, thesaurus inscr. aegypt. V 917.

Σαράπιδος χα/ (so) Ἴσιδος (so) θεῶν Σωτήρων[1]) | καὶ βασιλέως Πτολεμαίου καὶ βασιλίσσης | Ἀρσινόης θεῶν Φιλοπατόρων.

[1]) Nerutsos liest: Σαράπιδος καὶ Ἴσιδος καὶ βασιλέως u. s. w. Das E in θεῶν ist zweimal Ξ geschrieben.

67. Emaillierte grüne Vase aus Kurium auf Cypern, verkauft auf einer Auction in Paris 1886, vielleicht nach Deutschland. RA. 1886 II 99 (chronique d'orient) S. Reinach.

βασιλέως Πτολεμαίου Φιλοπάτορος.

---

68. Weisse Marmorstele in Molyvo auf Lesbos in der Schule. BCH. IV 433 Pottier und Hauvette-Besnault; Collitz, Sammlung der griech. Dialektinschriften 276; Cauer delectus II 433.

Ehrendecret für Praxikles, Sohn des Philinos, seitens des κοινὸν τῶν Πρωτέων. Das Dekret beginnt:

βασιλεύοντος Πτολεμαίω τῶ | Πτολεμαίω καὶ Βερενίκας, θέων | Εὐεργέταν, ἀγάθα τύχα, ἐπὶ πρυτάνιος | Ἀρχία, ἔδοξε τῷ κοίνω τῶν Πρωτέων· | ἐπειδὴ Πραξίκλης Φιλίνω u. s. w.

Ueber die Beziehungen des Philopator zum Auslande s. ferner: ancient gr. inscr. IV¹ 819; MA. 1880 V 329; CIGrSept. I 3498.

Ptolemäus V.

69. Dreisprachige Inschrift von Rosette, jetzt im brittischen Museum. Dunkle Basaltstele, oben und rechts unten zerstört. Reihenfolge: Hieroglyphisch, Demotisch, Griechisch. Abgebildet bei Dümichen-Meyer, Geschichte des alten Aegyptens 284. Drumann, historisch-antiquarische Untersuchungen über Aegypten oder die Inschrift von Rosette 1823; Letronne I 242—332, II add. 537—545 und FHGr. (Müller) I Anhang. CIGr. 4697; Revillout, chrestomathie démotique Einl. 177—209 (hier der demotische Text); Birch, records of the Past IV; Salvolini, analyse grammaticale raisonnée de différens textes anciens égyptiens I (1836); H. Brugsch, inscriptio Rosettana hieroglyphica 1851; Mahaffy, the empire of the Ptolemies 316—327; Baillet, mémoires de la soc. d'agriculture d'Orléans 1888.

Dazu eine verkürzte Copie des hieroglyphischen Textes vom Mai 183 auf der Kalksteinstele von Damanhur, jetzt im Museum von Gize. Recueil de travaux relatifs à la philologie et archéologie égyptiennes et assyriennes 1885 VI 1—20, Bourriant.

Der griechische Text ist nach den FHG. gegeben.

βασιλεύοντος τοῦ νέου, καὶ παραλαβόντος τὴν βασιλείαν παρα τοῦ πατρὸς, κυρίου βασιλειῶν, μεγαλοδόξου, τοῦ τὴν Αἴγυπτον καταστησαμένου, καὶ τὰ πρὸς τοὺς | θεοὺς εὐσεβοῦς, ἀντιπάλων ὑπερτέρου, τοῦ τὸν βίον τῶν ἀνθρώπων ἐπανορθώσαντος, κυρίου τριακονταετηρίδων, καθάπερ ὁ Ἥφαιστος ὁ μέγας· βασιλέως, καθάπερ ὁ ἥλιος, | μέγας βασιλεὺς τῶν τε ἄνω καὶ τῶν κάτω χωρῶν· ἐκγόνου θεῶν Φιλοπατόρων· ὃν ὁ Ἥφαιστος ἐδοκίμασεν· ᾧ ὁ ἥλιος ἔδωκεν τὴν νίκην· εἰκόνος ζώσης τοῦ Διός, υἱοῦ τοῦ ἡλίου, Πτολεμαίου, | αἰωνοβίου, ἠγαπημένου ὑπὸ τοῦ Φθᾶ. ἔτους ἐνάτου, ἐφ' ἱερέως Ἀέτου τοῦ Ἀέτου Ἀλεξάνδρου, καὶ θεῶν Σωτήρων, καὶ θεῶν Ἀδελφῶν, καὶ θεῶν Εὐεργετῶν, καὶ θεῶν Φιλοπατόρων
5 καὶ | θεοῦ Ἐπιφανοῦς Εὐχαρίστου· ἀθλοφόρου Βερενίκης Εὐερ-

γέτιδος, Πύρρας τῆς Φιλίνου· κανηφόρου Ἀρσινόης Φιλαδέλφου, Ἀρείας τῆς Διογένους· ἱερείας Ἀρσινόης Φιλοπάτορος, Εἰρήνης | τῆς Πτολεμαίου, μηνὸς Ξανδικοῦ τετράδι, Αἰγυπτίων δὲ Μεχεὶρ ὀκτωκαιδεκάτῃ·

Ψήφισμα.

οἱ ἀρχιερεῖς καὶ προφῆται καὶ οἱ εἰς τὸ ἄδυτον εἰσπορευόμενοι πρὸς τὸν στολισμὸν τῶν | θεῶν, καὶ πτεροφόραι καὶ ἱερογραμματεῖς, καὶ οἱ ἄλλοι ἱερεῖς πάντες, οἱ ἀπαντήσαντες ἐκ τῶν κατὰ τὴν χώραν ἱερῶν εἰς Μέμφιν τῷ βασιλεῖ, πρὸς τὴν πανήγυριν τῆς παραλήψεως τῆς | βασιλείας, τῆς Πτολεμαίου, αἰωνοβίου, ἠγαπημένου ὑπὸ τοῦ Φθᾶ, θεοῦ Ἐπιφανοῦς Εὐχαρίστου, ἣν παρέλαβεν παρὰ τοῦ πατρὸς αὐτοῦ, συναχθέντες ἐν τῷ ἐν Μέμφει ἱερῷ, τῇ ἡμέρᾳ ταύτῃ, εἶπαν |.

ἐπειδὴ βασιλεὺς Πτολεμαῖος, αἰωνόβιος, ἠγαπημένος ὑπὸ τοῦ Φθᾶ, θεὸς Ἐπιφανὴς Εὐχάριστος, ὁ ἐγ βασιλέως Πτολεμαίου καὶ βασιλίσσης Ἀρσινόης, θεῶν Φιλοπατόρων, κατὰ πολλὰ εὐεργέτηκεν τά θ᾽ ἱερὰ καὶ | τοὺς ἐν αὐτοῖς ὄντας, καὶ τοὺς ὑπὸ τὴν ἑαυτοῦ 10 βασιλείαν τασσομένους ἅπαντας· ὑπάρχων θεὸς ἐκ θεοῦ καὶ θεᾶς, καθάπερ Ὧρος, ὁ τῆς Ἴσιος καὶ Ὀσίριος υἱός, ὁ ἐπαμύνας τῷ πατρὶ αὐτοῦ Ὀσίρει, τά τε πρὸς θεοὺς | εὐεργετικῶς διακείμενος, ἀνατέθεικεν εἰς τὰ ἱερὰ ἀργυρικάς τε καὶ σιτικὰς προσόδους· καὶ δαπάνας πολλὰς ὑπομεμένηκεν, ἕνεκα τοῦ τὴν Αἴγυπτον εἰς εὐδίαν ἀγαγεῖν, καὶ τὰ ἱερὰ καταστήσασθαι, | ταῖς τε ἑαυτοῦ δυνάμεσιν πεφιλανθρώπηκε πάσαις, καὶ ἀπὸ τῶν ὑπαρχουσῶν ἐν Αἰγύπτῳ προσόδων καὶ φορολογιῶν τινὰς μὲν εἰς τέλος ἀφῆκεν, ἄλλας δὲ κεκούφικεν, ὅπως ὅ τε λαὸς καὶ οἱ ἄλλοι πάντες ἐν | εὐθηνίᾳ ὦσιν ἐπὶ τῆς ἑαυτοῦ βασιλείας· τά τε βασιλικὰ ὀφειλήματα, ἃ προσώφειλον οἱ ἐν Αἰγύπτῳ καὶ οἱ ἐν τῇ λοιπῇ βασιλείᾳ αὐτοῦ, ὄντα πολλά, τῷ πλήθει ἀφῆκεν· καὶ τοὺς ἐν ταῖς φυλακαῖς | ἀπηγμένους, καὶ τοὺς ἐν αἰτίαις ὄντας ἐκ πολλοῦ χρόνου, ἀπέλυσε τῶν ἐνκεκλημένων· προσέταξε δὲ καὶ τὰς προσόδους τῶν ἱερῶν, καὶ τὰς διδομένας εἰς αὐτὰ κατ᾽ ἐνιαυτὸν συντάξεις, σιτι | κάς τε καὶ ἀργυρικάς, ὁμοίως 15 δὲ καὶ τὰς καθηκούσας ἀπομοίρας τοῖς θεοῖς, ἀπό τε τῆς ἀμπελίτιδος γῆς, καὶ τῶν παραδείσων, καὶ τῶν ἄλλων τῶν ὑπαρξάντων τοῖς θεοῖς, ἐπὶ τοῦ πατρὸς αὐτοῦ, | μένειν ἐπὶ χώρας· προσέταξεν δὲ καὶ περὶ τῶν ἱερέων, ὅπως μηθὲν πλεῖον διδῶσιν εἰς τὸ τελεστικὸν, οὗ ἐτάσσοντο ἕως τοῦ πρώτου ἔτους, ἐπὶ τοῦ πατρὸς αὐτοῦ· ἀπέλυσεν δὲ καὶ τοὺς ἐκ τῶν | ἱερῶν ἐθνῶν τοῦ κατ᾽ ἐνιαυτὸν εἰς

Ἀλεξάνδρειαν κατάπλου· προσέταξεν δὲ καὶ τὴν σύλληψιν τῶν εἰς τὴν ναυτείαν μὴ ποιεῖσθαι· τῶν τ' εἰς τὸ βασιλικὸν συντελουμένων ἐν τοῖς ἱεροῖς βυσσίνων | ὀθονίων ἀπέλυσεν τὰ δύο μέρη· τά τε ἐγλελειμμένα πάντα ἐν τοῖς 'πρότερον χρόνοις ἀποκατέστησεν εἰς τὴν καθήκουσαν τάξιν, φροντίζων ὅπως τὰ εἰθισμένα συντελῆται τοῖς θεοῖς, κατὰ τὸ | προσῆκον· ὁμοίως δὲ καὶ τὸ δίκαιον πᾶσιν ἀπένειμεν, καθάπερ Ἑρμῆς ὁ μέγας καὶ μέγας· προσέταξεν δὲ καὶ τοὺς καταπορευομένους ἔκ τε τῶν μαχίμων, καὶ τῶν ἄλλων, τῶν
20 ἀλλότρια | φρονησάντων, ἐν τοῖς κατὰ τὴν ταραχὴν καιροῖς, κατελθόντας μένειν ἐπὶ τῶν ἰδίων κτήσεων· προενοήθη δὲ καὶ ὅπως ἐξαποσταλῶσιν δυνάμεις ἱππικαί τε καὶ πεζικαί, καὶ νῆες, ἐπὶ τοὺς ἐπελθόντας | ἐπὶ τὴν Αἴγυπτον κατά τε τὴν θάλασσαν καὶ τὴν ἤπειρον, ὑπομείνας δαπάνας ἀργυρικάς τε καὶ σιτικὰς μεγάλας, ὅπως τά θ' ἱερά, καὶ οἱ ἐν αὐτῇ πάντες, ἐν ἀσφαλείᾳ ὦσιν· παραγινόμε-|νος δὲ καὶ εἰς Λύκων πόλιν, τὴν ἐν τῷ Βουσιρίτῃ, ἣ ἦν κατειλημμένη καὶ ὠχυρωμένη πρὸς πολιορκίαν ὅπλων τε παραθέσει δαψιλεστέρᾳ καὶ τῇ ἄλλῃ χορηγίᾳ πάσῃ, ὡς ἂν ἐκ πολλοῦ | χρόνου συνεστηκυίας τῆς ἀλλοτριότητος τοῖς ἐπισυναχθεῖσιν εἰς αὐτὴν ἀσεβέσιν, οἳ ἦσαν εἴς τε τὰ ἱερά, καὶ τοὺς ἐν Αἰγύπτῳ κατοικοῦντας πολλὰ κακὰ συντετελεσμένοι, καὶ ἀν-|τικαθίσας, χώμασίν τε καὶ τάφροις καὶ τείχεσιν αὐτὴν ἀξιολόγοις περιέλαβεν· τοῦ τε Νείλου τὴν ἀνάβασιν μεγάλην ποιησαμένου ἐν τῷ ὀγδόῳ ἔτει, καὶ εἰθισ-
25 μένου κατακλύζειν τὰ | πεδία, κατέσχεν, ἐκ πολλῶν τόπων ὀχυρώσας τὰ στόματα τῶν ποταμῶν, χορηγήσας εἰς αὐτὰ χρημάτων πλῆθος οὐκ ὀλίγον· καί, καταστήσας ἱππεῖς τε καὶ πεζοὺς πρὸς τῇ φυλακῇ | αὐτῶν, ἐν ὀλίγῳ χρόνῳ τήν τε πόλιν κατὰ κράτος εἷλεν, καὶ τοὺς ἐν αὐτῇ ἀσεβεῖς πάντας διέφθειρεν· καθάπε[ρ Ἑρμ]ῆς καὶ Ὧρος, ὁ τῆς Ἴσιος καὶ Ὀσίριος υἱός, ἐχειρώσαντο τοὺς ἐν τοῖς αὐτοῖς | τόποις ἀποστάντας πρότερον· τοὺς [τ'] ἀφηγησαμένους τῶν ἀποστάντων ἐπὶ τοῦ ἑαυτοῦ πατρός, καὶ τὴν χώραν ἐ[νοχλήσ]αντας, καὶ τὰ ἱερὰ ἀδικήσαντας, παραγενόμενος εἰς Μέμφιν, ἐπαμυνῶν | τῷ πατρὶ καὶ τῇ ἑαυτοῦ βασιλείᾳ, πάντας ἐκόλασεν καθηκόντως, καθ' ὃν καιρὸν παρεγενήθη πρὸς τὸ συντελεσθῆ[ναι αὐτῷ τὰ] προσήκοντα νόμιμα τῇ παραλήψει τῆς βασιλείας· ἀφῆκεν δὲ καὶ τὰ ἐ[ν] | τοῖς ἱεροῖς ὀφειλόμενα εἰς τὸ βασιλικὸν ἕως τοῦ ὀγδόου ἔτους, ὄντα εἰς σίτου τε καὶ ἀργυρίου πλῆθος οὐκ ὀλίγον· ὡσαύτως δὲ κ]αὶ τὰς τιμὰς τῶν μὴ συντετελεσμένων εἰς τὸ βασιλικὸν βυσσίνων ὀθ[ονί]-|
30 ων, καὶ τῶν συντετελεσμένων τὰ πρὸς τὸν δειγματισμὸν διάφορα

ἕως τῶν αὐτῶν χρόνων· ἀπέλυσεν δὲ τὰ ἱερὰ καὶ τῆς ἀ[ποτεταγ]-
μένης ἀρτάβης τῇ ἀρούρᾳ τῆς ἱερᾶς γῆς, καὶ τῆς ἀμπελίτιδος ὁμοί[ως] |
τὸ κεράμιον τῇ ἀρούρᾳ· τῷ τε Ἄπει καὶ τῷ Μνεύει πολλὰ ἐδωρή-
σατο, καὶ τοῖς ἄλλοις ἱεροῖς ζῴοις, τοῖς ἐν Αἰγύπτῳ, πολὺ κρεῖσσον
τῶν πρὸ αὐτοῦ βασιλέων φροντίζων ὑπὲρ τῶν ἀνηκόν[των εἰς] |
αὐτὰ διαπανιός· τά τ' εἰς τὰς ταφὰς αὐτῶν καθήκοντα διδοὺς
δαψιλῶς καὶ ἐνδόξως, καὶ τὰ τελισκόμενα εἰς τὰ ἴδια ἱερὰ, μετὰ
θυσιῶν καὶ πανηγύρεων καὶ τῶν ἄλλων τῶν νομι[ζομένων·] | τά τε
τίμια τῶν ἱερῶν καὶ τῆς Αἰγύπτου, διατετήρηκεν ἐπὶ χώρας ἀκο-
λούθως τοῖς νόμοις· καὶ τὸ Ἀπιεῖον ἔργοις πολυτελέσιν κατεσκεύ-
ασεν, χορηγήσας εἰς αὐτὸ χρυσίου τε κ[αὶ ἀργυρί]-|ου καὶ λίθων
πολυτελῶν, πλῆθος οὐκ ὀλίγον· καὶ ἱερὰ καὶ ναοὺς καὶ βωμοὺς
ἱδρύσατο· τά τε προσδεόμενα ἐπισκευῆς προσδιωρθώσατο, ἔχων θεοῦ
εὐεργετικοῦ ἐν τοῖς ἀνήκου[σιν εἰς τὸ] | θεῖον διάνοιαν· προσπυν-
θανόμενός τε τὰ τῶν ἱερῶν τιμιώτατα ἀνενεοῦτο ἐπὶ τῆς ἑαυτοῦ
βασιλείας, ὡς καθήκει· ἀνθ' ὧν δεδώκασιν αὐτῷ οἱ θεοὶ ὑγίειαν
νίκην κράτος καὶ τἄλλ' ἀγαθ[ὰ πάντα] | τῆς βασιλείας διαμενούσης
αὐτῷ καὶ τοῖς τέκνοις εἰς τὸν ἅπαντα χρόνον.

ἀγαθῇ τύχῃ

ἔδοξεν τοῖς ἱερεῦσι τῶν κατὰ τὴν χώραν ἱερῶν πάντων τὰ ὑπάρ-
χοντα τ[ίμια πάντα] | τῷ αἰωνοβίῳ βασιλεῖ Πτολεμαίῳ, ἠγαπημένῳ
ὑπὸ τοῦ Φθᾶ, θεῷ Ἐπιφανεῖ Εὐχαρίστῳ, ὁμοίως δὲ καὶ τὰ τῶν
γονέων αὐτοῦ, θεῶν Φιλοπατόρων καὶ τὰ τῶν προγόνων, θεῶν
Εὐεργ[ετῶν καὶ τὰ] | τῶν θεῶν Ἀδελφῶν καὶ τὰ τῶν θεῶν Σωτήρων
ἐπαύξειν μεγάλως· στῆσαι δὲ τοῦ αἰωνοβίου βασιλέως Πτολεμαίου
θεοῦ Ἐπιφανοῦς Εὐχαρίστου εἰκόνα ἐν ἑκάστῳ ἱερῷ, ἐν τῷ ἐπιφα-
[νεστάτῳ τόπῳ] |, ἣ προσονομασθήσεται Πτολεμαίου, τοῦ ἐπαμύναν-
τος τῇ Αἰγύπτῳ· ᾗ παραστήξεται ὁ κυριώτατος θεὸς τοῦ ἱεροῦ,
διδοὺς αὐτῷ ὅπλον νικητικόν· ἃ ἔσται κατεσκευασμέν[α τὸν Αἰγυπ-
τίων] | τρόπον· καὶ τοὺς ἱερεῖς θεραπεύειν τὰς εἰκόνας τρὶς τῆς
ἡμέρας· καὶ παρατιθέναι αὐταῖς ἱερὸν κόσμον καὶ τἄλλα τὰ νομι-
ζόμενα συντελεῖν, καθ' ἃ καὶ τοῖς ἄλλοις θεοῖς ἐν[ταῖς ἐν Αἰγύπτῳ
πα-]|νηγύρεσιν· ἱδρύσασθαι δὲ βασιλεῖ Πτολεμαίῳ θεῷ Ἐπιφανεῖ
Εὐχαρίστῳ, τῷ ἐγ βασιλέως Πτολεμαίου καὶ βασιλίσσης Ἀρσινόης,
θεῶν Φιλοπατόρων, ξόανόν τε καὶ ναὸν χρ[υσᾶ ἐν ἑκάστῳ τῶν] |
ἱερῶν· καὶ καθιδρῦσαι ἐν τοῖς ἀδύτοις μετὰ τῶν ἄλλων ναῶν· καὶ
ἐν ταῖς μεγάλαις πανηγύρεσιν, ἐν αἷς ἐξοδεῖαι τῶν ναῶν γίνονται,

καὶ τὸν τοῦ θεοῦ Ἐπιφανοῦς Εὐ[χαρίστου ναὸν συνε]|-ξοδεύειν·
ὅπως δ' εὔσημος ᾖ νῦν τε καὶ εἰς τὸν ἔπειτα χρόνον, ἐπικεῖσθαι τῷ
ναῷ τὰς τοῦ βασιλέως χρυσᾶς βασιλείας δέκα, αἷς προσκείσεται
ἀσπὶς [καθάπερ καὶ ἐπὶ πασῶν] | τῶν ἀσπιδοειδῶν βασιλειῶν, τῶν
ἐπὶ τῶν ἄλλων ναῶν· ἔσται δ' αὐτῶν ἐν τῷ μέσῳ ἡ καλουμένη
βασιλεία Ψχέντ· ἣν περιθέμενος εἰσῆλθεν εἰς τὸ ἐν Μέμφ[ει ἱερὸν,
45 ὅπως ἐν αὐτῷ συν-]|τελεσθῇ τὰ νομιζόμενα τῇ παραλήψει τῆς βασι-
λείας· ἐπιθεῖναι δὲ καὶ ἐπὶ τοῦ περὶ τὰς βασιλείας τετραγώνου,
κατὰ τὸ προειρημένον βασίλειον, φυλακτήρια χρυ[σᾶ δέκα, οἷς
ἐγγραφθήσεται, ὅ-|τι ἐστὶν τοῦ βασιλέως, τοῦ ἐπιφανῆ ποιήσαντος
τήν τε ἄνω χώραν καὶ τὴν κάτω· καὶ ἐπεὶ τὴν τριακάδα τοῦ
Μεσορὴ, ἐν ᾗ τὰ γενέθλια τοῦ βασιλέως ἄγεται, ὁμοίως δὲ καὶ
[τὴν τοῦ Παῶφι[1]) ἑπτακαιδεκάτην,] | ἐν ᾗ παρέλαβεν τὴν βασιλείαν
παρὰ τοῦ πατρός, ἐπωνύμους νενομίκασιν ἐν τοῖς ἱεροῖς, αἳ δὴ
πολλῶν ἀγαθῶν ἀρχηγοί πᾶσίν εἰσιν, ἄγειν τὰς ἡμέρας ταύτας
ἑορ[τὴν καὶ πανήγυριν ἐν τοῖς κατὰ τὴν Αἴ-]|γυπτον ἱεροῖς κατὰ
μῆνα· καὶ συντελεῖν ἐν αὐτοῖς θυσίας καὶ σπονδὰς καὶ τἆλλα τὰ
νομιζόμενα, καθ' ἃ καὶ ἐν ταῖς ἄλλαις πανηγύρεσιν· τάς τε γινο-
μένας προθέ [...... πα-]|ρεχομένοις ἐν τοῖς ἱεροῖς ἄγειν δὲ ἑορτὴν
καὶ πανήγυριν τῷ αἰωνοβίῳ καὶ ἠγαπημένῳ ὑπὸ τοῦ Φθᾶ, βασιλεῖ
Πτολεμαίῳ, θεῷ Ἐπιφανεῖ Εὐχαρίστῳ κατ' ἐνι[αυτὸν, ἐν τοῖς ἱεροῖς
50 τοῖς κατὰ τὴν] | χώραν ἀπὸ τῆς νουμηνίας τοῦ Θῶυθ ἐφ' ἡμέρας
πέντε· ἐν αἷς καὶ στεφανηφορήσουσιν, συντελοῦντες θυσίας καὶ
σπονδὰς καὶ τ' ἄλλα τὰ καθήκοντα· προσαγορε[ύεσθαι δὲ τοὺς ἱερεῖς
τῶν ἄλλων θεῶν] | καὶ τοῦ θεοῦ Ἐπιφανοῦς Εὐχαρίστου ἱερεῖς πρὸς
τοῖς ἄλλοις ὀνόμασιν τῶν θεῶν, ὧν ἱερατεύουσι, καὶ καταχωρίσαι
εἰς πάντας τοὺς χρηματισμοὺς καὶ εἰς τοὺς ἄ[λλους .... τὴν] |
ἱερατείαν αὐτοῦ· ἐξεῖναι δὲ καὶ τοῖς ἄλλοις ἰδιώταις ἄγειν τὴν
ἑορτὴν καὶ τὸν προειρημένον ναὸν ἱδρύεσθαι καὶ ἔχειν παρ' αὐτοῖς
συντελοῦ[σι τὰ νόμιμα ἐν ἑορταῖς, ταῖς τε κατὰ μῆνα καὶ] | [τα]ῖς
κατ' ἐνιαυτόν, ὅπως γνώριμον ᾖ, διότι οἱ ἐν Αἰγύπτῳ αὔξουσι καὶ
τιμῶσι τὸν θεὸν Ἐπιφανῆ Εὐχάριστον βασιλέα, καθάπερ νόμιμόν
ἐστ[ιν· τὸ δὲ ψήφισμα τοῦτο ἀναγράψαι ἐπὶ στήλην ἐκ|σ]τερεοῦ
λίθου, τοῖς τε ἱεροῖς καὶ ἐγχωρίοις καὶ ἑλληνικοῖς γράμμασιν, καὶ
στῆσαι ἐν ἑκάστῳ τῶν τε πρώτων καὶ δευτέρω[ν καὶ τρίτων ἱερῶν
πρὸς τῇ τοῦ αἰωνοβίου βασιλέως εἰκόνι.

[1]) Paophi, nicht Mechir, nach dem hieroglyphischen Text, den Revillout, rev. ég. III 2 mit Recht annimmt. Vergl. die Duplik von Damanhur.

70. Inschrift auf dem Thürsturz eines Heiligtums in Philae. CIGr. 4894; Letronne I 7.

Βασιλεὺς Πτολεμαῖος καὶ βασίλισσα Κλεοπάτρα | θεοὶ Ἐπιφανεῖς καὶ Πτολεμαῖος ὁ υἱὸς Ἀσκληπιῷ.

71. Kalksteinstele in Beni-Hassan. Public. of the archaeol. survey of Egypt II, Beni-Hassan II Newberry 1894.

ὑ]πὲρ βασιλέω[ς Πτολεμαίου Ἐπιφανοῦς | Μεγάλ]ου Εὐχαρίστ[ου καὶ βασιλίσσης Κλεοπά|τρας] τῆς [ἀ]δελ[φῆς .... ΏΝΠΡοΓο ....
ΠΠϹΥΓ ....

72. Marmortafel gekauft in Theben, jetzt im metropolitan museum in New-York. American journal of archaeology 1886 S. 149 Merriam.

ὑπὲρ βασιλέως Πτολεμαίου, τοῦ Πτολεμαίου καὶ βασιλίσσης Ἀρσινόης, θεῶν Φιλοπατόρων, Τέως Ὥρου, φυλακίτης τόπου Ἀμμωνιείου.

73. Inschrift über einem Höhleneingang bei Tehneh (Akoris). CIGr. 4703c; Letronne I 377.

ὑπὲρ βασιλέως Πτολεμαίου, | θεοῦ Ἐπιφανοῦ[ς] Μεγάλου Εὐχαρίστου| Ακωρις Ἐρ[ω]έως¹) Ἴσιδι Μωχιάδι²) Σωτείρᾳ.

¹) Letronne: Ἐρεέως. ²) Letr.: ΜΟΧΙΑΔΙ, liest Λοχιάδι.

74. Grosser Block aus rotem Granit vom Tempel zu Bubastis, jetzt in Gize. Egypt exploration fund VIII — Bubastis 1887—89 (ed. 91) — S. 59, Pl. 49 Naville; MA. 1894 XIX 226 Strack.

Ἀπολλώνιον Θέωνος, τῶν φίλ[ων]¹) | τοῦ βασιλέως καὶ διοικητὴν | τὸν ἑαυτοῦ ἀδελφὸν Πτολεμαῖος | Ἀπολλωνίου τῶν διαδόχων | εὐνοίας ἕνεκεν τῆς εἰς βασιλέα | Πτολεμαῖον καὶ βασίλισσαν | Κλεοπάτραν θεοὺς Ἐπιφανεῖς καὶ | Εὐχαρίστους καὶ τὰ τέκνα αὐτῶν.

¹) Naville.

75. Grosser Block aus rotem Granit am Tempel von Bubastis. Egypt exploration fund VIII — Bubastis 1887—89 (ed. 91) — S. 59 Naville.

Βασιλέα Πτολεμαῖον, ϑ[εὸν Ἐπιφανῆ] | καὶ Εὐχάριστον καὶ τὸ[ν ἑαυτοῦ ἀδελφὸν] | Πτολεμαῖον Ἀπολλώ[νιος Θέωνος] | τῶν φίλων ὁ διοικητὴς [εὐνοίας] | ἕνεκεν τῆς εἰς τὰ[.........] | αὐτὸν καὶ τὰ τέκ[να αὐτῶν.

76. Weisse Marmorstele aus Mandara. RA. 1887 II 214 Nerutsos; wiederholt l'ancienne Alexandrie 124.

ὑπὲρ βασιλέως | Πτολεμαίου καὶ | βασιλίσσης Κλεοπάτρας, | ϑεῶν Ἐπιφανῶν καὶ Εὐ|χαρίστων, Ὀσόρῳ τε | καὶ Σαράπιδι καὶ Ἴσιδι | καὶ Ἀνούβιδι, ϑεοῖς | πᾶσι καὶ πάσαις, τὸμ | βωμὸν καὶ τὰς περσέας | Σπάρις καὶ οἱ κωμεγ|έται καὶ οἱ ϑιασεῖται.

77. Grüne Basaltbasis aus Aegypten (?), früher in Livorno, jetzt in Turin 7147. CIGr. 4677; im CIGrSic. et Ital. nicht verzeichnet.

Πτολεμαῖον τὸν ἀρχισωματοφύλακα | καὶ ἀρχικύνηγον, τὸν Πτολεμαίου | τῶν πρώτων φίλων καὶ ἀρχικυνηγὸν υἱόν, | τὸ κοινὸν τῶν Λυκίων ἀρετῆς ἕνεκεν | καὶ εὐνοίας, ἧς ὁ πατὴρ αὐτοῦ διατελεῖ | παρεχόμενος εἴς τε βασιλέα Πτολεμαῖον | καὶ τὴν ἀδελφὴν βασίλισσαν Κλεοπάτραν, | ϑεοὺς Ἐπιφανεῖς καὶ Εὐχαρίστους καὶ τὰ τέκνα | καὶ εἰς τὸ κοινὸν τῶν Λυκίων.

78. Basis in Kuklia auf Cypern. Journ. of hell. stud. 1888 IX 250 Gardner; Sakellarios, I² 97 No. 61.

βασιλέα Πτολεμαῖο]ν, ϑεὸν Ἐπιφανῆ [τὸν Πτολεμαίου | καὶ Ἀρσινόης ϑεῶν Φ]ιλοπατόρων [ὁ δεῖνα τοῦ δεῖνα ....]ου Ἀργεῖος [ὁ στρατηγὸς καὶ ναύαρχος καὶ ἀρχιερ]εὺς τῆς νήσου.

79. Basis in Kuklia auf Cypern. Journ. of hell. stud. 1888 IX 235 Gardner.

βασιλεὺ[ς¹) Πτολεμαῖος Ἐπιφανὴς
καὶ Εὐχά[ριστος τὸν δεῖνα
Πολυ[δώρου, τὸν .....
⁻.Σ Τ

¹) ΒΑΣΙΛΕ\.

80. Porphyr in Xanthos unterhalb des Nereidenmonuments in einem türkischen Hause eingemauert. Nicht veröffentlicht. Abgeschrieben durch

Ptolemäus V.

Hula 1892; ergänzt von Heberdey nach einem Abklatsch; mir zur Verfügung gestellt von Kubitschek.

ὑπὲρ βασιλείας Πτολε[μαίου] | θεοῦ 'Επιφανοῦς, τοῦ ἐ[κγόνου[1])] | Πτολεμαίου καὶ 'Αρσι[νόης, θεῶν] | Φιλοπατόρων, καὶ τῆς Ξ[ανθίων] | πόλεως ἱδρύσατο τὸ [τέμενος[2]) τῆς (?)] | 'Αρτέμιδος καὶ τὸν να[ὸν καὶ τὸ] | ἐν αὐτῷ ἄγαλμ[α καὶ τἄλλα (?)] | ἱερά, τὰ ἐν τῷ ναῷ, κ[αὶ τὸ προσὸν] | κατ' οἶκον (?)[3]) Εὐ[φ]ραίνετος . ε[.. ...] | Αἰτωλός, κατὰ δὲ μητ[ρὸς Λύκιος], ἡγεμών[4]).

[1]) τοῦ ἐ[κ θεῶν] Πτολεμαίου καὶ 'Αρσι[νόης, τῶν] Φιλοπατόρων Heberdey, unwahrscheinlich, da θεός immer bei dem Beinamen, nicht bei dem Namen steht; zu ἔκγονος als Sohnesbezeichnung s. No. 69 Z. 3. [2]) ἱερόν Heberdey. [3]) κ[αὶ ἅπαν τὸ] κάτοικον? Heb. [4]) [ὁ?] ἡγεμών Heb., doch ist von dem Artikel keine Spur vorhanden.

Weisser Kalkstein im Museum von Alexandrien, Botti 130; MA. 1894 XIX 237 Strack. Voraussichtlich gefälscht; besprochen von Grenfell, Revenue-Papyrus 117 No. 3, der die Inschrift für ächt erklärt.

[1]) Botti: .... ΘΕΩΙ | ...... ΕΓΙΦΑΝΕΙ |. Die Buchstaben sind nach der Beschädigung des Steines geschrieben und mit Rücksicht auf diese Verletzungen, s. Z. 2 und die unmotivierte Trennung der Silben in ἡγεμών.

Ueber die auswärtigen Beziehungen des Epiphanes vergl. ferner CIA. II 966.

Ptolemäus VI.

81. Inschrift am Epistyl des jetzt zerstörten Tempels von Antäopolis (Kâu-el-Kebîr). CIGr. 4712; Letronne I 24.

βασιλεὺ]ς Πτολεμα[ίο]ς, Πτολεμαίου καὶ Κλεοπάτρας θεῶν Ἐπιφανῶν κ[αὶ] Εὐχαρίστων, | [καὶ βασ]ίλισσα Κλεοπάτρα, ἡ τοῦ βασιλέως ἀδελφὴ, θεοὶ Φιλ[ο]μήτορες | [τὸν πρόν]αον Ἀνταίῳ καὶ τοῖς συννά[ο]ις θεοῖς.

Darunter eine Restitutionsinschrift aus dem Jahre 164 n. Chr.

82. Statuenbasis aus schwarzem Granit, gekauft im Bazar von Syene, jetzt in Alexandrien im Museum. RA. 1883 II S. 181 Maspero-Miller; Botti 131.

βασιλέα Πτολεμαῖον θεὸν | Φιλομήτορα Ἶσις καὶ Ὧρος[1]).

Der Stein trug auf derselben Seite schon eine Inschrift.

82a. Basis für drei Statuen aus Granit, später als Stütze des Altar einer koptischen Kirche verwendet, auf der Insel Hesseh, südlich von Philae und Bigeh. Academy 1895, 23. III Sayce; abgedruckt American journal of archaeology 1895 S. 384.

βασιλέα Πτολεμαῖον καὶ βασίλισσαν Κλεοπάτραν, | θεοὺς Φιλομήτορας, καὶ Πτολεμαῖον τὸν υἱὸν αὐτῶν | Ἶσις καὶ Ὧρος[1]).

[1]) Die Namen der beiden Götter stehen mit grösseren Buchstaben an Stelle dreier zerstörter Schriftzeilen.

Darunter eine zweizeilige demotische Inschrift, von der die zweite Zeile zerstört ist.

83. Basis in Kuklia auf Cypern. Journ. of hell. stud. 1888 IX 243 Gardner; Sakellarios, I² 99 No. 71.

βασιλέα Πτολεμαῖον | θεὸν Φιλομήτορα | Παφίᾳ.

84. Basis in Kuklia auf Cypern. Journ. of hell. stud. 1888 IX 233 Gardner; Sakellarios I² 98 No. 65.

βασιλέα Πτολεμαῖον θεὸν Φιλομήτορα | βασιλέως Πτολεμαίου καὶ βασιλίσσης Κλεοπά|τρας θεῶν Ἐπιφανῶν ὁ δεῖνα τοῦ δεῖνα[1]) |

Ἀλεξανδρεὺς, ὁ συγγενὴς αὐτοῦ καὶ | στρατηγὸς καὶ ἀρχιερεὺς τῶν κατὰ τὴν νῆσον.

[1]) Der Name ist ausgekratzt.

85. Kalksteinbasis im Heiligtum des Apollon Hylatas bei Kurion auf Cypern. Sitz. bair. Ak. 1888 I S. 320 Oberhummer, woselbst die übrige Litteratur über diese bald ganz, bald halb herausgegebene Inschrift.

βασιλέα Πτολεμαῖον τὸ[ν Φιλο]μήτορα, τὸν ἐγ βασιλέως | Πτολεμαίου καὶ βασιλ[ίσσης] Κλεοπάτρας, θεῶν Ἐπιφανῶν.

86. Stein in den Fundamenten eines Tempels zu Ptolemais in Kyrene. CIGr. 5185; Letronne, journal des savants 1828.

β]α[σ]ιλέα [Πτ]ολε[μ]αῖον, [τ]ὸ[ν] βα[σ]ιλ[έως] | Πτολεμαίου κα[ὶ βα]σιλ[ί]σσ[η]ς Κλε[ο|π]άτρας ἀδελ[φ]ὸν, θεὸν [Φ]ιλομήτορα, ἡ πόλις.

Voraussichtlich aus dem Jahre 169, wenn nicht zu Euergetes gehörig.

87. Inschrift auf dem zweiten Pylon des Tempels von Parembole (Debôt). CIGr. 4979; Letronne I 10; Lepsius XII 91 No. 321 las nur die erste Hälfte.

ὑπὲρ βασιλέως Πτολεμ[αίου καὶ βασι]λίσσης Κλεοπάτρας [τῆς ἀδελφῆς] | καὶ γυναικὸς, θεῶν Φιλο[μητό]ρων Ἴσιδι καὶ Σ[αράπιδι[1]) καὶ τοῖς συννάοις θεοῖς].

[1]) Letronne: Οσίριδι.

88. Inschrift am Tempel von Kom Ombos. CIGr. 4859; Letronne I 40; Lepsius XII 82 No. 194.

ὑπὲρ βασιλέως Πτολεμαίου καὶ βασιλίσσης Κλεοπάτρας, τῆς ἀδελφῆς, θεῶν Φιλομητόρων καὶ τῶν τούτων τέκνων Ἀροήρει θεῷ μεγάλῳ | Ἀπόλλωνι καὶ τοῖς συννάοις θεοῖς τὸν σηκον οἱ ἐν τῷ Ὀμβίτῃ τασσόμενοι πεζοὶ καὶ ἱππεῖς καὶ οἱ ἄλλοι εὐνοίας ἕνεκεν τῆς εἰς αὐτούς.

89. Kalksteintafel im Museum zu Gize. MA. 1894 XIX 220 Strack; Mahaffy, the empire of the Ptolemies 315.

ὑπὲρ βασιλέως Πτολεμαίου, τοῦ | Πτολεμαίου, θεοῦ Ἐπιφανοῦς | καὶ Εὐχαρίστου, Ἴσιδι θεᾷ μεγάλῃ | τὸν ναὸν καὶ τὸ ἱερὸν καὶ τὰ προσόντα | αὐτῷ ταμιεῖα καὶ τὰ συνκύροντα | πάντα Θέων Ἡρακλείδου Μαρωνεύς.

90. Fragment einer Stele aus schwarzem Basalt aus Assuan, jetzt im Museum von Alexandrien. BCH. IX 145 Miller; Botti 131.

ὑπὲρ βασιλέως Πτ[ολεμαίου], | θεοῦ Φιλομήτορος Ε[¹)......] | ΕΥ²)[......] ΑΣ ὁ συγγε[νής.....

¹) Miller ΕΠ, Botti ΕΥ mit der Ergänzung Εὐχαρίστου (!); ich habe am Original nur Ε⁻ gelesen. ²) ΕΥ Botti.

91. Weisser Marmoraltar aus Thera, jetzt im Louvre. CIGr. II 2451.

ὁ δᾶμος ὁ Θηραίων | ὑπὲρ βασιλέως Πτολεμαίου | καὶ βασιλίσσας Κλεοπάτρας, | θεῶν Φιλοματόρων | καὶ τῶν τέκνων αὐτῶν | Διονύσῳ.

92. Marmor bei Methana am Meere. Häufig schlecht veröffentlicht; nachgesehen durch Jamot, BCH. XIII 190.

ὑπὲρ βασιλέως Πτολεμαίου | καὶ βασιλίσσης Κλεοπάτρας, θεῶν Φιλομ[η]|τόρων καὶ τ[ῶν τέκνων] αὐτῶν θεοῖς | μεγάλοις, . . γι. αιος τῶν φίλων καὶ οἱ συναπο|[στ]αλέντες α[ὐτῶ]ι παρεφεδρεῦσαι ἐξ Ἀλε-|ξ]ανδρείας ἐπὶ π .. σιοι? ηγυμ .. εσεπα ... | .... ιασεω.

93. Stein von Ghazi am Oberlauf des Rosettaarmes, jetzt im berliner Museum. Nachrichten von der königl. Gesellschaft der Wissensch. zu Göttingen 1892 S. 534 Krebs.

βασιλεῖ Πτολεμαίῳ καὶ βασιλίσσῃ | Κλεοπάτρᾳ θεοῖς Φιλομήτορσι, τοῖς | ἐγ βασιλέως Πτολεμαίου καὶ | βασιλίσσης Κλεοπάτρας, θεῶν Ἐπιφανῶν καὶ Εὐχαρίστων | χρηματισταὶ, οἱ τὸ η̄ καὶ θ̄L | κεχρηματικότες ἐν τῷ | Προσωπίτῃ καὶ τοῖς ἄλλοις | τοῖς μεμερισμένοις νόμοις | Ἡρακλέων Πυθαγόρου | Νικόστρατος Δημητρίου | Ἄρειος Διονυσίου | καὶ εἰσαγωγεὺς Ἀμύντας Ἀμύντου | καὶ γραμματεὺς Δημήτριος Ἀπολλωνίου | καὶ ὑπηρέτης Μεννέας Διονυσίου.

94. Stein in Menschîye (Ptolemais). BCH. IX 141 Maspero-Miller.

βασιλεῖ Πτολεμαίῳ θεῷ | Φιλομήτορι ὑπὲρ Ἱππάλου | τῶν πρώτων φίλων, τοῦ | ἐπιστρατήγου καὶ ἱερέως | Πτολεμαίου Σωτῆρος

Ptolemäus VI.

καὶ | Πτολεμαίου Ἐπιφανοῦς καὶ | Εὐχαρίστου τὸν βωμὸν Νικόμαχος, | ἱερεὺς τοῦ Διός.

95. Graue Granitstele oben abgerundet im Louvre (escaliers Daru). Fundort unbekannt, einst im Besitz des Prinzen Napoleon. Nicht veröffentlicht (?). Erwähnt Lumbroso, l'Egitto² Anh. 249 s. v. Collection nach einem mir unzugänglichen Katalog von Fröhner, collection d'antiquités du prince Napoléon, Paris, Pillet 1868 n. 523. Einen Abklatsch erhielt ich durch die Freundlichkeit von Villefosse, der auch meine Lesung am Stein verglich.

βασιλεῖ Πτολεμαίῳ καὶ βασιλίσσῃ | Κλεοπάτρᾳ τῇ ἀδελ[φῇ θε]οῖς Φιλομήτορσ[ι | καὶ τοῖς τούτων τέκνοις καὶ Ἄμμωνι | τῷ καὶ Χνού[βει κ]αὶ [Ἥ]ρᾳ [τῇ κ]αὶ Σάτει | καὶ Ἑστίᾳ [τ]ῇ[ι καὶ] Ἀνούκ[ει] καὶ Διονύσῳ | τῷ καὶ Πετ[ε]μπαμ[έ]ντει κ[α]ὶ τοῖς ἄλλοις | θεοῖς ὑπὲρ Βοήθου τοῦ Νικοστράτου | Χρυσαορέως τοῦ ἀ[ρ]χισω[μ]ατοφύλακος | καὶ στρατηγοῦ καὶ [κτί]στου τῶν ἐν τῇ[ι] | τριακοντασχοίνῳ πόλεων Φιλομητορίδ[ῶν] | καὶ Κλεοπάτρας εὐ[ν]οίας ἕνε[κ]εν, | ἧς ἔχων διατελ[εῖ πρ[ός τε τὸν βασιλέα] | καὶ τὴν βασίλισσαν κ[αὶ τὰ τέκνα α]ὐτῶν | Ἡρωίδης Δημοφῶντος [Περγαμ]ηνός | τῶν διαδό[χω]ν καὶ ἡγεμὼν ἐ[π' ἀ]νδρῶν | καὶ φρούραρχος Συήνης [καὶ ὁρ(?)]οφύλαξ | καὶ ἐπὶ τῶν ἄνω τόπων [ταχθεὶς?] καὶ | προφήτης τοῦ Χν[ούβεως] κ[αὶ ἀρχι]στολισ[τὴ]ς | τῶν ἐν Ἐλεφαντίνῃ [καὶ Ἀβάτῳ] καὶ Φίλαις | ἱερῶν καὶ οἱ ἄλλοι ... ΙΣ Ν .. ΥΛΙΑΣ | τοῦ Χνόμω [Ν]εβιηβ [καὶ θεῶν Ἀδελφῶν καὶ] | θεῶν Εὐεργετῶν [καὶ θεῶν Φιλοπατό]ρων | καὶ θεῶν Ἐπιφανῶν καὶ θεοῦ Εὐπάτορος | καὶ θεῶν Φιλομ[η]τόρων, οἱ τὴ[ν] σύν[ο]δον | συνεσταμένο[ι εἰς τὸ ἐν Σήτει] ἱερό[ν] | ὅπως ἄγωσι[ν εἰς τιμὴν Πτολεμαίου τ]ε τοῦ | βασιλέως κα[ὶ] τ[ῆ]ς [β]ασιλίσση]ς καὶ τῶν | τέκνων αὐτῶ[ν] ἐ[νιαυσίας ἑ]ο[ρ]τὰς κα[ὶ] | τὴν γενέθλιον ἡμέ[ραν τοῦ Βοή]θου | κατὰ τὸν κείμενον [βασιλικ]ὸν νόμο[ν] | ὧν τὰ ὀνόματα ὑπ[όκειται].

96. Basis in Kuklia auf Cypern. Journ. of hell. stud. 1888 IX 232 Gardner. Sakellarios I² 98 No. 94.

αἱ ἐν Κύπρῳ τασσόμεναι πεζικαὶ [δυνάμεις τὸν δεῖνα] | ἀρετῆς ἕνεκε[ν καὶ] εὐνοίας, τῆς εἰς βασιλέα Π[τολεμαῖον] | καὶ βασίλισ[σα]ν Κλεοπάτραν τὴν ἀδελφήν, θεοὺς Φιλομήτορα[ς, | κ]αὶ τὰ τέκ[να] αὐτῶν καὶ τῆς εἰς ἑαυτὰς φιλαγαθίας.

97. Graue Marmorbasis aus Kition auf Cypern, jetzt im berliner Museum. CIGr. 2617; Letronne, recherches pour servir à l'histoire de l'Égypte 54.

ἡ πόλις | Ἀγίαν Δαμοθέτου Κρῆτα, τὸν ἀρχισωματοφύλακα | καὶ
ἐπὶ τῆς πόλεως ἀρετῆς ἕνεκεν καὶ εὐνοίας, | τῆς εἰς βασιλέα
Πτολεμαῖον καὶ βασίλισσαν Κλεοπάτραν | τὴν ἀδελφὴν, θεοὺς
Φιλομήτορας καὶ τὰ τέκνα | αὐτῶν καὶ τῆς εἰς αὐτὴν εὐεργεσίαν.

98. Basis in Kuklia auf Cypern. Journ. of hell. stud. 1888 IX 226; Sakellarios I² 98 No. 63.

.... NIAIL⁻Δ ....
.... ων ἡ συναρχία τῶν ἐν Πάφῳ |
...... γεγυμνασιαρχ]ηκότων(?) ἀρετῆς ἕνεκα καὶ |
εὐνοίας, τῆς εἰς βασιλέα] Πτολεμαῖον καὶ βασίλισσαν |
Κλεοπάτραν τὴν ἀδελφ]ὴν θεοὺς Φιλομήτορας καὶ τὰ τέκνα |
αὐτῶν καὶ τῆς εὐεργ]εσίας καὶ πρὸς ἅπαντας δικαιοσύνης.

99. Statuenbasis aus Limnia, in der Nähe von Salamis auf Cypern. RA. 1866 I 440 Pierides; Le Bas III 2756.

Ο[ἱ ἔφηβοι(?) ο]ἱ ἐκ γυμνασίου τρί[του τὸν δεῖνα τοῦ δεῖνα γυμ-
νασίαρχον(?)] | τὸν γενόμεν[ο]ν ἐπὶ τῆς πόλεω[ς στρατηγὸν (?)
ἀρετῆς ἕνεκα καὶ εὐνοίας, ἧς] | ἔχων διετέλε[ι] εἰς βασιλέα Πτολ[ε-
μαῖον καὶ βασίλισσαν Κλεοπάτραν] | θεοὺς Φιλομήτορας καὶ τὴν
πόλιν τῶν Σα[λαμινίων].

100. Granitstück an der Westecke der Pyramide el Ahouara im Faiyum. CIGr. 4703b; Letronne I 381.

ὑπὲρ βασι]λ[ί]σσης Κλ[ε]ο[πάτρας | θεᾶς] Φι[λ]ο[μή]τορος [τῆς
βασιλέως | ἀ]δελφῆς καὶ γυ]ν[α]ι[κός ....

Die Ergänzung ist trotz der starken Zerstörung ziemlich sicher; ganz unsicher aber ist, ob die Inschrift der zweiten oder dritten Kleopatra zuzuschreiben ist, oder unter Ergänzung von ‚Φιλοπάτορος' der siebenten Kleopatra gehört.

Ueber die auswärtigen Beziehungen des Philometor vergl. ferner CIGr. add. 2561b; BCH. XIII 231(?), XV 350; CIA II² 968 Z. 45.

Ptolemäus VII.

101. Basis in den Ruinen eines Tempels in Apello bei Kurion auf Cypern. Le Bas III 2809; Sakellarios I² 72.

βασιλέα Πτολεμαῖον, θεὸν Εὐπάτορα, | τὸν ἐγ βασιλέως Πτολεμαίου καὶ βασιλίσσης | Κλεοπάτρας, θεῶν Φιλομητόρων¹) . . . .

¹) Es folgen vier ausgemeisselte Zeilen.

102. Stein aus Kuklia auf Cypern, jetzt im Museum zu Wien. CIGr. 2618; Sakellarios I² 101 No. 84.

βασιλέα Πτολεμαῖον | θεὸν Εὐπάτορα | Ἀφροδίτῃ.

Ptolemäus VIII.

103. Basis eines Obelisken aus Philae, jetzt in Kingstonhall, England. CIGr. 4896; Letronne I 333, add. 469; besser Hermes XXII 1 f. Wilcken.

A.

[βασιλεὺς Πτολεμαῖος καὶ βασίλισσα Κλεοπάτρα ἡ ἀδελφὴ καὶ βασίλισσα Κλεοπάτρα ἡ γυνή¹), τοῖς ἱερεῦσι τῆς ἐν τῷ Ἀβάτῳ καὶ ἐν Φίλαις Ἴσιδος²) καὶ θεῶν Ἀδελφῶν καὶ θε]ῶν Εὐεργετ[ῶν καὶ θεῶν Φιλοπατόρων | καὶ θε]ῶν Ἐπιφανῶν καὶ θεοῦ Εὐπάτορος [καὶ θεοῦ Φιλο]|μήτορος καὶ θεῶν Εὐεργετῶν χαίρειν· τῆ[ς γεγραμ]|μένης ἐπιστολῆς πρὸς Λόχον τὸν συγγενέα [καὶ] | στρατηγὸν τὸ ἀντίγραφον ὑποτετάχαμεν· ἐπιχω|ροῦμεν δ' ὑμῖν καὶ τὴν ἀνάθεσιν, ἧς ἠξιοῦτε στήλης [π]ο[ιήσα]σ[θαι·] Ἔρρ[ωσθε L.. Πανέμ]ου β', Παχὼν κβ'.

B.

βασιλεὺς Πτολεμαῖος καὶ βασίλισσα Κλεο|πάτρα ἡ ἀδελφὴ καὶ βασίλισσα Κλεοπάτρα ἡ γυνή | [Λό]χῳ τῷ ἀδελφῷ χαίρειν· [τῆς δεδομένη]ς ἡ[μ]ῖν | [ἐντεύξε]ως παρὰ τῶν ἱ[ερέων τῆς ἐν τῷ

Ἀβάτ]ῳ καὶ [ἐν | Φίλ]αι[ς] Ἴσιδος ὑποτε[τάχαμέν σοι τὸ] ἀντίγρα[φον· | κα]λῶς ο[ὖν] ποιήσ[ει]ς συν[τάξας καθάπερ ἀξιοῦσι μη|δέν]α ἐνοχλεῖν αὐτοὺς, [περὶ ὧν προφέρονται παρ᾽ ἕκαστον]· | ἔρρωσο.

C.

βασιλεῖ Πτολεμαίῳ καὶ βασιλίσσῃ Κλεοπάτρᾳ | τῇ ἀδελφῇ καὶ βασιλίσσῃ Κλεοπάτρᾳ τῇ γυναι|κὶ θεοῖς Εὐεργέταις χαίρειν οἱ ἱερεῖς τῆς ἐν τῷ Ἀβά|τῳ καὶ ἐν Φίλαις Ἴσιδος, θεᾶς μεγίστης· ἐπεὶ οἱ παρεπι|δημοῦντες εἰς τὰς Φίλας στρατηγοὶ καὶ ἐπιστάται | καὶ Θηβάρχαι καὶ βασιλικοὶ γραμματεῖς καὶ ἐπιστάται φυ|λακιτῶν καὶ οἱ ἄλλοι πρα[γ]ματικοὶ πάντες καὶ αἱ | ἀκολουθοῦσαι δυνάμεις καὶ ἡ λοιπὴ ὑπηρεσία ἀναγκά|ζουσι ἡμᾶς παρουσίας αὐτοῖς ποιεῖσθαι οὐχ ἑκόντας, | καὶ ἐκ τοῦ τοιούτου συμβαίνει ἐλαττοῦσθαι τὸ ἱερὸν καὶ | κι[ν]δυνεύειν ἡμᾶς τοῦ μὴ ἔχειν τὰ νομιζόμενα πρὸς τὰς | γινομένας ὑπέρ τε ὑμῶν καὶ τῶν τέκνων θυσίας | καὶ σπονδὰς δεόμεθ᾽ ὑμῶν, θεῶν μεγίστων, ἐὰν | φαίνηται συντάξαι Νουμηνίῳ τῷ συγγενε[ῖ] κα[ὶ ἐπιστο]|λογράφῳ γράψαι Λόχῳ τῷ συγγενεῖ καὶ στρατηγῷ τῆς | Θηβαίδος, μὴ παρενοχλεῖν ἡμᾶς πρὸς ταῦτα μηδ᾽ ἄλ|λῳ μηδεν[ὶ] ἐπιτρέπειν τὸ αὐτὸ ποιεῖν, καὶ ἡμῖν διδόναι | τοὺς καθήκοντας περὶ τούτων χρηματισμούς, ἐν οἷς | ἐπιχωρῆσαι ἡμῖν ἀναθεῖναι στήλην, ἐν ᾗ ἀναγράψομεν | τὴν γεγονυῖαν ἡμῖν ὑφ᾽ ὑμῶν περὶ τούτων φιλανθρωπίαν, | ἵνα ἡ ὑμετέρα χάρις ἀείμνηστος ὑπάρχῃ παρ᾽ αὐτῇ[ς] εἰς τὸν | ἅπαντα χρόνον. τούτου δὲ γενομένου ἐσόμεθα καὶ ἐν | τούτοις καὶ τὸ ἱερὸν τὸ τῆς Ἴσιδος εὐεργετημένοι· | Εὐτυχεῖτε.

[1]) γυνὴ θεοὶ Εὐεργέται W. [2]) Ἴσιδος θεᾶς μεγίστης W.

103a. Inschrift über der inneren Thür des Pronaos einer Kapelle auf Philae. CIGr. 4895; Letronne I 46; Lepsius XII 85 No. 209.

βασιλεὺς Πτολεμαῖος καὶ βασίλισσα Κλεοπάτρα ἡ ἀδελφὴ καὶ βασίλισσα Κλεοπάτρα ἡ γυνή, θεοὶ Εὐεργέται Ἀφροδίτῃ.

104. Inschrift in der Stadt Kos, eingemauert in einem Hause in der Nähe des griechischen Kirchhofs. Paton-Hicks, inscriptions of Kos 73.

βασιλεὺς Πτολεμαῖος, καὶ βασίλισσα | Κλεοπάτρα ἡ ἀδελφὴ καὶ βασίλισσα | Κλεοπάτρα ἡ γυνή, θεοὶ Εὐεργέται | Ἱέρωνα Σίμου τῶν πρώτων φίλων, ἐπιτροπεύσαντα τῶν τέκνων ἡμῶν | ἐτείμησαν στεφάνῳ χρυσέῳ καὶ ἰκό|νι χρυσέῃ ἀρετῆς ἕνεκα καὶ εὐνοίας | τῆς εἰς αὐτοὺς καὶ τὰ τέκνα.

105. Inschrift in Kairo. CIGr. 4698; Letronne, recherches 313.

βασιλέα Πτολεμαῖον θεὸν Εὐεργέτην, | θεῶν Ἐπιφανῶν, Ἀπολλόδωρος Ἀέτου | τῶν πρ[ώ]των φίλων, ὁ ἐπιστάτης καὶ | γραμματεὺς τῶν κατοίκων ἱππέων.

106. Weisser Marmor aus Salamis auf Cypern, jetzt im brittischen Museum. Ancient gr. inscr. II 384 Newton.

βασιλε]ῖ Πτολ[εμαίῳ καὶ | βασιλί]σσῃ Κ[λεοπάτρᾳ | θεοῖς Ε]ὐεργέ]ταις . . . . .

107. Stein in Ombos. CIGr. 4860; Letronne I 383.

[βασιλεῖ Πτολεμαίῳ καὶ βασιλίσσῃ Κλεοπάτρᾳ τῇ ἀδελφῇ καὶ βασιλίσσ]ῃ Κλεοπάτρᾳ τῇ γυναι|[κὶ, θεοῖς Εὐεργέταις καὶ Φιλομήτορσιν καὶ Ἀροήρει Ἀπόλλωνι θεῷ] μεγίστῳ καὶ τοῖς συννάοις | [θεοῖς . . . . . αἱ ἐν τῷ Ὀμβίτῃ τασσόμε]ναι πεζικαὶ καὶ ἱππικαὶ δυνάμεις | [καὶ οἱ ἄλλοι πάντες τὸν βωμὸν καὶ . . . . . ἀνέθηκαν] ὑπὲρ Μενάνδρου τοῦ Μίκρου | [τῶν πρώτων φίλων καὶ ἀρχισωματοφύλακος καὶ γυμνασιάρχου καὶ ἱππά]ρχου ἐπ' ἀνδρῶν καὶ γῆς βασιλικῆς | [οἰκονόμου καὶ ἐπὶ τῶν προσόδων καὶ ἐπιστάτου καὶ στρατηγοῦ τοῦ Ὀμ]βίτου, καὶ Μίκρου τοῦ υἱοῦ (ὄ)ντος δὲ | [καὶ αὐτοῦ τῶν πρώτων φίλων καὶ . . . . καὶ ἱ]ππάρχων ἐπ' ἀνδρῶν καὶ Πτολε|[μαίου . . . . ἀρ]ετῆς ἕνεκεν καὶ εὐνοίας ἧς | [ἔχοντες διατελοῦσιν εἰς αὐτοὺς, ἐξ οὗ τυγχάνουσιν κατασταθέν]τες εἰς τὰ πράγματα καὶ ἧς | [. . . .] ΑΝΤΗΣΙΕΩΣΤΩΙΚΑ | [. . . . . ἀ]ντειλήφ[ασιν.

Letronne giebt die Ergänzung nur als Versuch, die Zuweisung an Euergetes II hält er für sicher gegen den ersten Herausgeber Francke (griechische und lateinische Inschriften gesammelt von Frhr. von Richter 1830), der die Inschrift auf Philometor bezog. Ganz abzuweisen ist Francke's Vorschlag nicht. Mit einem etwa folgendermassen lautenden Anfang: βασιλεῖ Πτολεμαίῳ, τοῦ Πτολεμαίου, καὶ βασιλίσσῃ Κλεοπάτρᾳ τῇ γυναι|[κὶ, θεοῖς Φιλομήτορσι καὶ Ἀροήρει Ἀπόλλωνι θεῷ] μεγίστῳ καὶ τοῖς συννάοις [θεοῖς u. s. w. ist allen Anforderungen genüge getan, und der übrige Teil der Inschrift bedarf nicht der breitspurigen Ergänzung. Dass Philometor's Frau in den uns erhaltenen Inschriften nur ἀδελφή nicht γυνή genannt wird, ist richtig, darf aber nicht als starker Beweis verwendet werden. Die Datierung bleibt somit unsicher. Die vorgeschlagene Ergänzung θεοί Εὐεργέται καὶ Φιλομήτορες ist unwahrscheinlich. Euergetes scheint nach dem Jahre 145 nur den Titel Εὐεργέτης geführt zu haben.

108. Stein von der Insel Sehêl, südlich Assuan, jetzt in der Bibliothek zu Frankfurt a. M. CIGr. 4893; Letronne I 389.

ὑπὲρ βασιλέως Πτολεμαίου καὶ βασιλίσσης | Κλεοπάτρας τῆς ἀδελφῆς, θεῶν Εὐεργετῶν | καὶ τῶν τέκνων Ἡρώδης Δημοφῶντος | Βερενικεὺς ὁ ἀρχισωματοφύλαξ καὶ στρατηγὸς | καὶ οἱ συνάγοντες ἐν Σήτει, τῇ τοῦ Διονύσου | νήσῳ βασιλισταί, ὧν τὰ ὀνόματα ὑπόκειται, | Χνούβει τῷ καὶ Ἄμμωνι, Σάτει τῇ καὶ Ἥρᾳ | Ἀνούκει τῇ καὶ Ἑστίᾳ, Πετεμπαμέντει τῷ καὶ | Διονύσῳ, Πετενσήτει τῷ καὶ Κρόνῳ, Πετενσήνε[ι] | τῷ καὶ Ἑρμεῖ, θεοῖς μεγάλοις καὶ τοῖς ἄλλοις τοῖς | ἐπὶ τοῦ καταράκτου δαίμοσιν τὴν στήλην καὶ τὰ | πρὸς τὰς θυσίας καὶ σπονδὰς τὰς ἐσομένας | ἐν τῇ συνόδῳ κατὰ τὰς πρώτας ἐνάτας τοῦ | μηνὸς ἑκάστου καὶ τὰς ἄλλας ἐπωνύμους ἡμέρας | δι' ἑκάστου εἰσενηνεγμένα χρήματα· ἐπὶ | Παπίου τοῦ Ἀμμωνίου προστάτου καὶ | Διονυσίου τοῦ Ἀπολλωνίου ἱερέως τῆς συνόδου.

Ἡρώδης Δημοφῶντος
Ἑρμίας Ἀμμωνίου
Παπίας Ἀμμωνίου
Διονύσιος Ἀπολλωνίου
Φιλάμμων Φιλάμμωνος
Ἀμμώνιος Ἀπολλωνίου
Πετεαροῆρις Φανούφιος
Δωρίων Ἀπολλωνίου
Ψενχνοῦβις Πελλίου
Πανίσκος Κεφαλῶνος
Ψενποῆρις[1]) Πετήσιος
Πρώταρχος Πρωτάρχου
Πρωίων Ἡρακλείδου
Σαραπίων Ἀπολλωνίου
Διονύσιος Κεφαλῶνος
Παχνοῦβις Τοτέους
Πελλίας Πελλίου

Σαραπίων Ἀμμωνίου, Ἀμμώνι[ος Ἀ]μ[εινί]ου[2])

Ἀσκληπιάδης Πτολεμαίου, Ξεινιάδης [Νικοστ]ράτου
Διονύσιος Ἀμμωνίου, Ἁρμόδιος Βασιλείδου νησι[ώ]της

Διονύσιος Ἀμμωνίου[3])
Ἀσκληπιάδης Διονυσίου
Διονύσιος Σ[ω]κράτου[ς][4]) Εὐμένης Διονυ[σίου
Ἀπολλώνιος Ἰτάρου
Πελλίας Σμενιχνούβιος

[1]) Letr.: Ψενόηρις. [2]) L.: Ἀμμωνίου. [3]) L.: Ἀπολ[λωνί]ου. [4]) L.: Σακράτου.

Ptolemäus VIII.

109. Kalksteinplatte im Museum von Alexandrien. Botti 132; MA. 1894 XIX 229 Strack.

ὑπὲρ βασιλέως Πτολεμαίου κα[ὶ] | βασιλίσσης Κλεοπάτρας τῆς γυ-
να[ικὸς] | θεῶν Εὐεργετῶν, καὶ τῶν τέκνων α[ὐτῶν] | Σωτήριχος[1])
Ἰκαδίωνος Γορτύνιος τ[ῶν] | ἀρχισωματοφυλάκων ὁ[2]) ἀπεστα[λ]|μένος
ὑπὸ Παῶτος[3]) τοῦ συνγενοῦς κα[ὶ] στρατηγοῦ ¦τῆς Θηβαίδος ἐπὶ
τὴν συνα[γω]|γὴν τῆς πολυτελοῦς λιθείας καὶ ἐπὶ τῶν | πλῶν καὶ
παρεξόμενος τὴν ἀσφάλειαν το[ῖς] | κατακομίζουσι ἀπὸ τοῦ κατὰ
Κόπτον ὄρου[ς] | τὰ λιβανωτικὰ φορτία καὶ τἆλλα ξένια | Πανὶ
Εὐόδῳ καὶ τοῖς ἄλλοις θεοῖς πᾶσι καὶ πάσαις L μα Θώθ ῑ.

[1]) Botti: Σωτήριχος. [2]) Botti liest das „ὁ" nicht. [3]) Paos ist bekannt durch zwei thebanische Papyrus, deren einer (Pap. griech. Louvre bei Revillout, mélanges 343) aus dem „Jahre 40 Pachon" dieselben Titel aufweist.

110. Inschrift am Tempel von Dakke (Pselchis). CIGr. 5073; Letronne I 33; Lepsius XII 96 No. 402; Baedecker, Oberägypten 352 Eisenlohr.

ὑπὲρ βασιλέως Πτολε[μαίου καὶ βασιλίσσης Κλεοπάτρας τῆς ἀδ]ελ-
φῆς | θεῶν Εὐεργετῶν [καὶ τῶν τέκνων θεῷ μεγίστῳ Ἑρμῇ τῷ]
καὶ | Παοτπνούφι[δι καὶ τοῖς συννάοις θεοῖς L]ΛΞ[1]) so!

[1]) Lepsius ergänzt ΜΕ für das gebräuchliche ΛΕ.

111. Zwei bis jetzt getrennt herausgegebene Fragmente: A = Stein, gefunden in Berenike am roten Meer, CIGr. 4841; Letronne I 382. B = Tafel aus Kalkstein im Museum von Alexandrien, Fundort unbekannt. Journal des savants 1879 S. 476 Miller; Botti 133; MA. 1894 XIX 227 Strack.

A.	B.
ὑπὲρ βασιλέ	— ως Πτολεμαίου
καὶ βασιλίσσ[η	— ης[1]) Κλεοπάτρας
τῆς ἀδελφ	— ῆς καὶ βασιλίσσης
Κλεοπά[ρα]	— ς τῆς γυναικὸς
θε[ῶν Εὐεργ]	— ετῶν καὶ τῶν
τέ[κνων αὐτ]	— ῶν Ἐχέφυλος[2])
[τοῦ δεῖνα Π]	— ολυρρήνιος
τῶν ἀρχισω]	— ματοφυλάκ[ων
. . . . [3])	. . . .
[τῷ δεῖνα θεῷ]	

[1]) Botti liest ΣΗΣ; voraussichtlich in A nur bis ΒΑΣΙΛΙΣ erhalten.
[2]) Botti: ΕΞΕΦΥΛοΣ. [3]) Botti liest Z. 9 in der Mitte N.

112. Stein in Kuklia auf Cypern. Journ. of hell. stud. 1888 IX 229 Gardner; Sakellarios I² 94 No. 46.

τὸν δεῖνα, τὸν συγγενῆ τοῦ βασ]ιλέως καὶ ἱερέα τῆ[ς νήσου | τὸν τοῦ δεῖνα, τοῦ] συγγενοῦς καὶ στρατ[ηγοῦ καὶ | ναυάρχου τὸ κοινὸν τῶν ἐν τῇ νήσ]ῳ τασσομένων δυνάμ[εων | ἀρετῆς ἕνεκα καὶ εὐνοίας τῆς εἰς β]ασιλέα Πτολεμαῖο[ν καὶ | βασίλισσαν Κλεοπάτραν τὴν ἀδελ]φήν, θεοὺς Εὐεργέ[τας | καὶ τὰ τέκνα αὐτῶν καὶ τῆς εἰς ἑαυτὸ] εὐεργεσίας.

113. Statuenbasis auf Delos. BCH. VIII 107 Homolle.

Ῥωμαίων οἱ εὐεργετηθέντες ναύκληροι | καὶ ἔμποροι ἐν τῇ γενομένῃ καταλή|ψει Ἀλεξανδρείας ὑπὸ βασιλέως | Πτολεμαίου, θεοῦ Εὐεργέτου | Λόχον Καλλιμήδου, τὸν συγγενῆ βασι|λέως Πτολεμαίου καὶ βασιλίσσης | Κλεοπάτρας, ἀρετῆς ἕνεκεν καὶ | εὐεργεσίας τῆς εἰς ἑαυτοὺς | Ἀπόλλωνι.

114. Marmor in Oxford. CIGr. 2285; Letronne, recherches 276.

Μάρκον[1]) συνγενῆ | βασιλέως Πτολεμαίου Εὐεργέτου | καὶ βασιλίσσης Κλεοπάτρας καὶ | ἐπιστράτηγον | Λύκιος καὶ Γάιος Πέδιοι Γαίου υἱοὶ | Ῥωμαῖοι ἀρετῆς ἕνεκεν καὶ καλοκαγαθίας καὶ τῆς εἰς ἑαυτοὺς | εὐνοίας Ἀπόλλωνι Ἀρτέμιδι.

[1]) Boeckh vermutet Πολέ]μαρ[χ]ον, vergl. aber No. 134.

115. Weisse Marmorbasis in Delos. BCH. XI 252 Fougères.

τὸν δεῖνα, τὸν συγγενῆ βασιλέ]ων |
Πτολεμαίων καὶ βασι]λίσσης |
Κλεοπάτρας, τῆς ἀδελφ]ῆς καὶ |
βασιλίσσης Κλεοπά]τρας τῆς |
γυναικὸς ἡ σύνοδ]ος τῶν ἐν Ἀλε- |
ξανδρείαι πρεσβ]υτέρων ἐγδοχέων |
εὐνοίας ἕν]εκεν τῆς εἰς ἑαυτὴν |
Ἀπόλλω]νι Ἀρτέμιδι Λητοῖ. |

116. Stein in Kuklia auf Cypern. Journ. of hell. stud. 1888 IX 238 Gardner; Sakellarios I² 95 No. 52.

τὸν δεῖνα τοῦ δεῖνα τὸ κοινὸν | τῶ]ν ἐν τῇ νήσῳ τασσομένων Κ[ιλίκων ἀρετῆς ἕνεκεν] | καὶ εὐνοίας, ἧς ἔχων διατελεῖ εἴς τε βασιλέα Πτολεμαῖ[ον] | καὶ βασίλισσαν Κλεοπάτραν τὴν ἀδελφὴν ʹκαὶ βασίλισσαν | Κλεοπάτραν τὴν γυναῖκα, θεοὺς Εὐεργέτας καὶ τὰ τέκνα | καὶ τῆς εἰς ἑαυτοὺς εὐεργεσίας.

117. Marmorbasis in Kuklia. Journ. of hell. stud. 1888 IX 229 Gardner.

τὸν δεῖνα τοῦ δεῖνα, τὸν συγγενῆ] | τοῦ βασιλέως, τὸν στρατηγὸν καὶ ναύαρ[χον] | καὶ ἀρχιερέα τὸ κοινὸν τῶν ἐν τῇ νήσῳ τασ[σο- μένων] | Λυκίων, ἀρετῆς ἕνεκεν καὶ εὐνοίας τῆς εἰς β[ασιλέα] | Πτολεμαῖον καὶ βασίλισσαν Κλεοπάτραν τὴν ἀ[δελφὴν καὶ] | βασίλισσαν Κλε[ο]πάτραν τὴν γυναῖκα, θεοὺς [Εὐεργέτας] | καὶ τὰ τέκνα αὐτῶν καὶ τῆς εἰς ἑαυτὸ εὐεργ[εσίας.

118. Weisse Marmorbasis in Delos. BCH. XI 249 Fougères.

Κρόκον, τὸν [σ]υ[γγε]νῆ βασιλέως | Πτολεμαίου καὶ [βασι]λίσσης | Κλεοπάτρας τῆς ἀδελφῆς, καὶ | βασιλίσσης Κλεοπάτρας τῆς | γυναικὸς καὶ ν[α]ύ[αρ]χον καὶ στρατηγὸν | αὐτοκράτορα καὶ ὑπ[1])[οδιοικητὴν?] καὶ ἀρχιε|ρέα τῶν κατὰ Κύ[πρ]ον, ἡ σύνοδος τῶν | ἐν Ἀλεξανδρείᾳ πρεσβυτέρων ἐ|γδοχέων, εὐνοίας ἕνεκεν καὶ | δικαιοσύνης τῆς εἰς ἑαυτὴν | [τε?] καὶ τοὺς ἄλλους ξένους | Ἀπόλλωνι Ἀρτέμιδι Λητοῖ.

[1]) ΥΠΕΡ.

119. Blauer Marmor aus Kuklia auf Cypern. CIGr. 2620; Ancient gr. inscr. II 385 Newton.

Ἀφροδίτῃ Παφίᾳ | ἡ πόλις ἡ Παφίων Κάλλιππον Καλλίππου δὶς γραμμα|τεύσαντα τῆς βουλῆς καὶ τοῦ δήμου καὶ ἠρχευκότα τῆς | πόλεως καὶ τῶν περὶ τὸν Διόνυσον καὶ θεοὺς Εὐεργέ|τας τεχνι- τῶν, τὸν γραμματέα τῆς πόλε[ω]ς γυ[μνα]σιαρχήσαντα καλῶς τὸ ιβ L.

120. Basis in Kuklia auf Cypern. Journ. of hell. stud. 1888 IX 250 Gardner; Sakellarios I² 100 No. 78.

Ἀφροδίτῃ Παφίᾳ· | τὸ κοινὸν τὸ Κυπρίων Ποταμῶ[να] Αἰγύπ- [του] | τῶν ἐν Πάφῳ γεγυμνασιαρχηκότων | καὶ ἡγητορευκότων καὶ τῶν περὶ τὸν | Διονύσον καὶ θεοὺς Εὐεργέτας τεχνιτῶν | εὐνοίας χάριν.

121. Statuenbasis aus rötlichem Marmor in Kuklia auf Cypern. Le Bas III 2794; Sitz. bair. Ak. 1888 S. 334 Oberhummer; Sakellarios I 93.

Ἀφροδίτῃ Παφ[ίᾳ· | Ἀττα]λος Στασικράτου τ[ῶν περὶ τὸν [Διό- νυσον | καὶ θε]οὺς Εὐεργέτας τεχνιτῶν τὰ ἑ[αυτοῦ παιδία | Τ]ιμό- κριτον, Καλλίστιον.

No. 119—121 können auch in die Zeit Euergetes' I gehören. Der Potamon, Sohn des Aegyptos, kommt auf einer anderen Inschrift aus Cypern, die undatierbar ist, vor (Journ. of hell. stud. IX 249). Ein C. Julius Potamon, Sohn des C. Julius Potamon, findet sich gleichfalls auf einem cyprischen Steine (a. a. O. 259); ein Schluss scheint mir unzulässig.

122. Stein in Kition auf Cypern. CIGr. 2621.

Μελαγκόμαν Φιλοδάμου Αἰτωλὸν, τ[ὸ]ν γενόμενον ἐπὶ τῆς πόλεως | ἡγεμόνα καὶ ἱππάρχην ἐπ' ἀνδρῶν, καὶ ἱερέα θεῶν Εὐεργετῶν | Ἀριστὼ Δίωνος Κρῆσσα τὸν [π]ατέρα τοῦ ἀνδρὸς αὐτῆς Μελαγκόμου, | τοῦ ἐπὶ τῆς πόλεως, καὶ τὰ τούτων παιδία.

Euergetes I oder II?

123. Stein in Kurion auf Cypern. CIGr. 2622. Sitz. bair. Ak. 1888 S. 328 Oberhummer.

Σέλευκον Βίθυος, τὸν συγγενῆ τοῦ βασιλέως, | τὸν στρατηγὸν καὶ ναύαρχον καὶ ἀρχ[ι]ερέα, | τὸν κατὰ τὴν νῆσον, Κουριέων ἡ πόλις | ἀρετῆς ἕνεκεν καὶ εὐνοίας τῆς εἰς βασιλέα | Πτολεμ[αῖ]ον καὶ βασίλισσαν Κλεοπάτραν | τὴν ἀδελφὴν καὶ βασίλισσαν Κλεοπάτραν | τὴν γυναῖκα, θεοὺς Εὐεργέτας καὶ τῆς | εἰς αὐτὴν εὐεργεσίας.

124. Blaue Marmorplatte aus Knodora nordwestlich von Salamis auf Cypern, jetzt im Museum zu Turin No. 7416. Atti della r. acad. di Torino 1869 S. 684 Lumbroso; Le Bas III 2757; Sitz. bair. Ak. 1888 S. 328 Oberhummer.

Σέλευκον τὸν σ[υγ]γενῆ τοῦ β[ασιλέως, τὸν στρατηγὸν] | καὶ ναύαρχον καὶ ἀρχιερέα τὸ κο[ινὸν τῶν ὑπ' αὐτὸν] | τασσομένων Κρητῶν ἀρετῆς [ἕνεκεν καὶ εὐνοίας τῆς εἰς] | βασιλέα Πτολεμαῖον

Ptolemäus VIII.

καὶ βασίλισσ[αν Κλεοπάτραν, τὴν ἀδελφὴν] | καὶ βασίλισσαν
Κλεοπάτραν τὴν γ[υναῖκα, θεοὺς Εὐεργέτας] | καὶ τὰ τέκνα καὶ
τῆς εἰς τὸ κο[ινὸν¹) εὐεργεσίας].

¹) Lumbroso: εἰς τὸ ἔθ[νος εὐεργεσίας].

125. Graublauer Marmor in Olympia.   Arch. Zeit. 1881 S. 186 Purgold;
Olympia V 301.

Σέ]λευκον Βίθυο[ς 'Ρ]όδιον, [τὸν] συγγενῆ βασιλέως Πτολεμα[ί] | ο[υ]
καὶ στρατηγὸ[ν] τῶν κατὰ Κύπρον καὶ ναύαρχον καὶ ἀρχιερέ[α] |
οἱ ἐν Κύπρῳ στρατευόμε[ν]οι Ἀχαιοὶ κ[α]ὶ οἱ ἄλλοι Ἕλληνες |
ἀρετῆς ἕν[εκ]εν καὶ εὐεργεσ[ία]ς τῆς εἰς [α]ὐτοὺς [Δι]ὶ Ὀλυμπίῳ.

Für Seleukos vergl. ferner BCH. XVIII 251, Inschrift aus Delphi.

126. Basis in Kuklia auf Cypern.   Journ. of hell. stud. 1888 IX 247
Gardner.

Θεόδωρον] Σελεύ[κου, τὸν συγγενῆ | τοῦ βασιλέως, τὸν στρατηγ]ὸν
αὐτοκρά[τορα καὶ | ναύαρχον καὶ ἀρχιερέα (?)] ἡ πόλις ἡ Σα[λα-
μινίων | εὐνοίας ἕνεκεν, ἧς ἔχων δια]τελεῖ εἴς τε β[ασιλέα
Πτολεμαῖον | καὶ βασίλισσαν Κλεοπάτραν τ]ὴν ἀδελφὴν κ[αὶ
βασίλισσαν Κλεοπάτραν | τὴν γυναῖκα θεοὺς Εὐεργέ]τας καὶ τὰ
τέ[κνα αὐτῶν καὶ | τῆς πρὸς ἅπαντας φιλαγαθίας καὶ δι]καιο-
σ[ύνης.

127. Rötliche Marmorbasis in Kuklia auf Cypern.   Le Bas III 2796;
Journ. of hell. stud. 1888 IX 225 Gardner; Sitz. bair. Ak. 1888 S. 327 Ober-
hummer.

Θεόδωρον¹) Σελεύκου, τὸν συγγενῆ τοῦ βασιλέως | τὸν στρατηγον
καὶ ναύα[ρχον κ]αὶ ἀ[ρχιερέα] | τὸ κοινὸν τῶν ἐν τῇ νήσῳ τασσο-
μένων Κιλίκων²) | εὐε[ρ]γεσίας ἕνεκεν τῆς εἰς ἑ[αυ]τό.

¹) Im Journal: Θεόδοτον, Le Bas und Oberhummer: Θεόδωρον. Die
Abweichung der englischen Herausgeber beruht wohl auf einem Druckfehler,
da sie diese bedeutende Abweichung von Le Bas' Text nicht anmerken.
²) Le Bas: Μάχων, die Engländer behaupten mit Bestimmtheit Κιλίκων zu
lesen; vielleicht handelt es sich um zwei verschiedene Steine.

128. Basis in Kuklia auf Cypern.   Journ. of hell. stud. 1888 IX 233
Gardner; Sakellarios I² 95 No. 52.

Θεόδωρον [Σελεύκου, τὸν συγγενῆ τοῦ βασιλέως] | καὶ στρατηγ[ὸν καὶ ναύαρχον καὶ ἀρχιε]|ρέα τῆς νήσ[ου ὁ δεῖνα ἀρετῆς ἕνεκεν καὶ εὐνοί]ας, ἧς ἔχων δια[τελεῖ εἰς βασιλέα Πτολεμαῖον καὶ βασίλισσαν] | Κλεοπάτραν [τὴν ἀδελφὴν καὶ βασίλισσαν Κλεοπάτραν τὴν γυναῖκα] | θεοὺς Εὐεργέ[τας καὶ τὰ τέκνα αὐτῶν καὶ τῆς εἰς ἑαυτὸν εὐερ]|γεσίας.

129. Stein in Baffa (Neu-Paphos) auf Cypern. Le Bas III 2786; Sitz. bair. Ak. 1888 S. 329 Oberhummer.

Ἀρτεμὼ τὴν θυ[γατέρα Σελεύκου, τοῦ συγγενοῦς] | τοῦ βασιλέως κ[αὶ στρατηγοῦ καὶ ναυάρχου] | καὶ ἀρχιερέως τῆ[ς Ἀφροδίτης τῆς Παφίας καὶ] | Κλεοπάτρας Θεᾶ[ς?[1]) τὸ κοινὸν τῶν κατὰ τὴν νῆσον] | τ]ασσομένων ....

[1]) Vielleicht Κλεοπάτρας θεᾶς Εὐεργέτιδος? Von dieser Familie geben noch mehrere Steine Kunde, die Oberhummer a. a. O. zusammengestellt hat; dazu jetzt Journ. of hell. stud. 1888 IX 235, 239.

130. Tafel aus Alabaster aus Unterägypten, jetzt im berliner Museum. RA. 1875 II S. 111 Daninos-Miller; Ephemeris epigraphica IV 25 Mommsen.

βασιλίσσης καὶ βασιλέως | προσταξάντων | ἀντὶ τῆς προανακει | μένης περὶ τῆς ἀναθέσε|ως τῆς προσευχῆς πλα|κὸς ἡ ὑπογεγραμμένη | ἐπιγραφήτω | „βασιλεὺς Πτολεμαῖος Εὐ|εργέτης τὴν προσευχὴν | ἄσυλον". | Regina et | rex iussert. (so)

Ptolemäus IX.

Ptolemäus X.

131. Inschrift an einem jetzt verschwundenen Pylon in Kûs (Apollinopolis parva). CIGr. 4716 e; Letronne I 49.

βασίλισσα Κλεοπάτρα καὶ βασιλεὺς Πτολεμαῖος θεοὶ μεγάλοι Φιλομήτορες | [Σωτῆρ]ες καὶ τὰ τέκνα Ἀρωήρει, θεῷ μεγίστῳ καὶ τοῖς συννάοις θεοῖς.

132. Marmorbasis aus Delos. Kumanudes, Ἀθήναιον 1873 S. 132; Lebègue, recherches sur Délos 1876 S. 157; Dittenberger 249.

βασιλέα Πτολεμαῖον Σωτῆρα | βασιλέως Πτολεμαίου τοῦ δευτέρου | Εὐεργέτου Ἄρειος Πτολεμαίου Ἀλεξανδρεὺς | τῶν πρώτων φίλων τὸν ἑαυτοῦ Εὐεργέτην | Διὶ Κυνθίῳ καὶ Ἀθηνᾶ[ι] Κυνθία[ι].

133. Basis aus schwarzem Syenit aus Alexandrien, jetzt im ägyptischen Museum des Vatican 41 b. CIGr. 4678.

βασιλέα Πτ]ολεμαῖον | [θεὸν Σω]τῆρα Ἀπολλώνιος | [... ως[1])] Φιλομητόρειος, | [ὁ συγγενὴ]ς καὶ ἀρχεδέατρος | [τὸ]ν ἑαυτοῦ εὐεργέτ[ην.

[1]) Der Vatersname endigt, wie ich mich am Original überzeugt habe, auf —ως, nicht auf ος, wie Franz liest.

134. Basis auf Delos. BCH. VI 342, Hauvette-Besnault.

Ὁ ἱερεὺς Μάρκος Ἐλευσίνιος | ὑπὲρ βασιλέως Πτολεμαίου | Σωτῆρος, τοῦ πρεσβυτάτου | υἱοῦ βασιλέως Πτολεμαίου, τοῦ | δευτέρου Εὐεργέτου Ἄμμωνι | χαριστήριον, κλειδουχοῦντος | Ἀρίστωνος τοῦ Αἰγίωνος Μυρρι|νουσίου, κανηφορούσης δὲ | Πρωτογενείας τῆς Ἀριστέου | τοῦ Ἀριστέου Μαραθωνίου θυγατρός.

135. Weisse Marmorbasis in Delos. BCH. XI 253 Fougères.

Στόλος Θέωνος Ἀθηναῖος | ὁ συγγενὴς βασιλέως | Πτολεμαίου τοῦ δευ[τέρου] | Σωτῆρος Σίμ[α]λο[ν] | Τιμάρχου Σαλ[αμί]νιον, τὸν ἑαυτοῦ φίλον Ἀπόλλω[νι.

Es folgt ein verstümmeltes Gedicht zu Ehren des Simalos.

136. Basis in Kuklia auf Cypern. Journ. of hell. stud. 1888 IX 240 Gardner; Sakellarios I[2] 97 No. 60.

Ἀφ[ρο]δίτῃ Παφίᾳ· | [ἡ π]όλις ἡ Παφίων Ὀνήσανδρον Ναυσικράτους | [τὸν σ]υνγενῆ καὶ ἱερέα διὰ βίου βασιλέως Πτολεμαί|[ου, θεοῦ Σ]ωτῆρος καὶ τοῦ ἱδρυμένου ὑπ' αὐτοῦ ἱεροῦ Πτολε|[μαείου, τὸν] γραμματέα τῆς Παφίων πόλεως τεταγμένον δὲ | [ἐπὶ τῆς ἐν Ἀ]λεξανδρείᾳ μεγάλης βυβλιοθήκης εὐνοίας | [ἕνεκεν.

137. Blaue Marmorbasis in Salamis auf Cypern. Journ. of hell. stud. 1891 XII 183 Tubbs.

...... ν θεοὺς Φιλομή[τ]ορας, το[ὺς ἀδελφοὺς (?) ...... καὶ βασίλισσαν Βερε]νίκην [θεὰν Φιλάδελφον(?)][1]) οἱ ἐν Κύπρῳ τεταγμένοι | Λύκιοι (?) λει]φθέντες δὲ ἐν τῇ νήσῳ καθ᾽ ὃν καὶ [ἐκέλευσεν (?) ...

[1]) τὴν θυγατέρα Tubbs.

138. Marmor in Delos. BCH. IV 223 Homolle.

[βασίλισσα Κλεοπάτρα ἡ βασιλέως Πτολεμαίου]
[oder βασιλεὺς Πτολεμαῖος βασιλέως Πτολεμαίου[1])]
Εὐ]εργέτου, βασίλισσαν Κλεοπάτραν Εὐεργέτιν | [τὴν τ]οῦ[2]) πατρὸς μὲν γυναῖκα, ἐμαυτοῦ δὲ [μητέρα[3]) | καὶ[3])] ἀνεψιάν, εὐχαριστίας ἕνεκεν τῆς εἰς ἑαυτὴν ['Απόλλωνι] Ἀρτέμιδι [Λητοῖ.

[1]) Beide Anfänge sind grammatikalisch anstössig. Der zweite, von Homolle gegebene, lässt das ἑαυτήν am Ende unberücksichtigt, der erste verlangt ἐμαυτῆς statt ἐμαυτοῦ. Es handelt sich um Kleopatra III und eins ihrer Kinder. [2]) Εὐεργέτ]ου Homolle. [3]) ἐμαυτοῦ δὲ ἀνεψιὰν Homolle.

139. Weisse Marmorbasis in Baffa auf Cypern. Le Bas III 2784.

βασίλισσ]αν Βερενίκην τὴ[ν | βασιλέ]ως Πτολεμαίου κ[αὶ | βασιλίσ]σης Κλεοπάτρας, θ[εῶν | Φιλ]ομητόρων.

Berenike ist die Tochter Soter's II, die Frau Alexander's I und II.

140. Granitblock aus Assuan, jetzt im brittischen Museum. Transactions and Proceedings of the society of biblical archaeology 1887 IX 203 Sayce; MA. 1895 XX 327 Strack und unabhängig davon Hermathena 1896 IX 273 Mahaffy; angezeigt von Torr, classical review I⁴ 119, Wilcken, berliner philolog. Wochenschrift 1888 S. 1262. Text s. umstehend S. 266, 267.

Für Soter II vergl. ferner CIGr. Sic. et Ital. 1297 I; CIGr. 4897 b (S. 1219)?

Ptolemäus XI.

141. Zwei aneinander passende Stücke, von schwarzem Stein. A. gekauft von Wilbour 1895 in Dime am Birket-el-Kurun im Faiyum, jetzt in Paris, B. nur im Abklatsch vorhanden in der göttinger Bibliothek, von Brugsch angefertigt. Zusammengefügt von Mahaffy, Hermathena 1895 XXI 243; angekündigt Athenäum 1895 Juni 1.

A.   B.

ὑπὲρ βασιλίσσ[η]ς   Κλεοπάτ[ρας
θεᾶς Εὐεργετίδος κ[αὶ] βασιλέως Πτολεμαίο[υ
τοῦ καὶ Ἀλεξάνδρου θ|εοῦ Φιλομήτορος
Ἴ]σιδι Σονοναει (so) θε[ᾷ] μεγίστῃ καὶ
Ἁρποχράτῃ καὶ Πρεμά[ρ]ρει, θεοῖς Εὐχαρίστοις
Διονύσιος Δημητρίου κ[α]ὶ Θάσ[η]ς Φίλων[ος ἡ]γυνὴ
καὶ τὰ τέκνα τὴν εἰς τ[ὴ]ν ἀπὸ τοῦ δρόμου
Πρεμαρρείους ἄγουσαν | εὐθεῖαν ὁδὸν ἐπ[ὶ
τὸν ναβλα (so) καὶ τὰς γεφύρ|ας πρὸς εὐχέ[ρειαν
ὡδοποιημένην εἰς ἀμφότ[ε]ρα τὰ ἱερὰ τή[ν τε
δ]απάνην καὶ τὸν βωμό]ν
      Lιγ τὸ καὶ ι ἐπεὶφ|κγ.

142. Weisse Kalksteinstele aus dem Faiyum, jetzt im Museum zu Gize. MA. 1894 XIX 212 Strack; BCH. 1894 XVIII 148 Mahaffy.

ὑπὲρ βασιλέως Πτολεμα[ίου], | τοῦ καὶ Ἀλεξ[ά]νδρου θεο[ῦ Φι|λο-μήτορος Σούχω(ι) θεῶ(ι) [μεγά]|λω(ι) μ[ε]γάλωι ὁ τόπος τῶν τὸ [Γ(?) L][1]) | ἠφηβευκότω[ν τ]ῆς Ἀσκλ[ηπι]|άδου τοῦ Ἀσκλ[η]πιάδου αἱ[ρ]έσε|ως προστατοῦντος καὶ γραμ|ματεύοντος Πτολεμαίου τοῦ | Πτολεμαίου, ὡ̃(?)[2]) μέτ[ρ]α νότον | ἐπὶ βορ(ρ)ᾶν M̂[3]) ιδ, [λι]βὸς ἐπ' ἀ[πη]λιώ|[τ]ην Ĥ[4]) κ ἕως δρόμο[υ] Lιθ | μεχεὶρ κ.

[1]) τὸ Γ(?)L Mahaffy.   [2]) ὦν Mahaffy.   [3]) Ω Strack.   [4]) M̂ K M., H K B̂ St.

143. Weisse Kalksteinstele aus dem Faiyum, jetzt in der Bibliothek des Trinity College zu Dublin. BCH. 1894 XVIII 147 Mahaffy.

ὑπὲρ | βασιλέως Πτολεμαίου τοῦ | ἐπικαλουμένου Ἀλεξάνδρου | Σούχῳ θεῷ μεγάλῳ | μεγάλῳ (ὁ) τόπο[ς] τῶν | τὸ **BL** ἐφηβευ-

No. 140.

Βασιλεὺς Πτολεμαῖος ὁ δοξαζόμενος θεὸς Φιλομήτωρ Σωτήρ,

ἀπὸ τῶν κατὰ Συήνην τόπων μετοικισθεὶς παραλαβὼν μέρος τοῦ δευτέρου ᾿Ελεφαντίνης πολιτικόν, ν δὴ εἰς τὸν λι- μένα A_1 Ἥραι τε (^{1}) θεᾶὶ ὑψίστηι καὶ τοῖς συννάοις θεοῖς ἀπέδωκε μεγίστων ἀγαθῶν αἰτίοις καταστᾶσιν αὐτοῖς κατὰ πολλοὺς τρόπους καὶ τῶι ὑπερ- βεβηκότι, παραλαβὼν τε τὸ Νεῖλον καὶ ἀσφαλέστερον διὰ τε τὸ μεγαλομερὲς τῆς εὐσεβείας [ἐ]ναντίον αὐτῶν τῶι δευτέρωι ἔτους Χοιὰχ

εὐωχηθεὶς ἐπὶ τοῦ Ἡραίου τῆι τε ἐ[χ]ο- μένηι καὶ λόγον ἐχόμενος περὶ τῶν ἐπιχωρίων ἀναστ[ρ]οφῆς καὶ τῆς .. περιόδων τῶν νομίμων τὸ ὄνομα αὐτοῦ καὶ τοῦτο ἄνθρωπα .. ἵνα ἀ̓ναγράψωσιν τὰ ὑπὸ τῶν βασιλέων προστεταγμένα ......

τῶν βασιλέων Κλεοπάτρας, θεῶν Φιλομητόρων Σωτήρων
Εὐεργετῶν καὶ θεῶν Φιλοπατόρων καὶ θεοῦ Νέου Φιλοπάτορος καὶ θεοῦ Νέου Φιλοπάτορος καὶ θεοῦ Νέου Φιλοπάτορος καὶ θεοῦ

X μεσοῦς X

ἔτους δευτέρου ὑπερβεβηκότος

Βασιλεὺς Πτολεμαῖος καὶ βασίλισσα Κλεοπάτρα βασιλέως Πτολεμαίου τοῦ αὐτοῦ ὀμνύομεν, εἰ δ' ἐῤῥωσαι καὶ τἆλλα κατὰ λόγον ἐστίν, ἔχοι, ἐρρώμεθα δὲ καὶ αὐτοί, ὀμόσαντες τὸν βασιλικὸν γέγραπται ὑπεταξάμεθα, ὑποτετάγαμεν.

Βασίλισσα Κλεοπάτρα καὶ βασιλεὺς Πτολεμαῖος τῆι ἀδελφῆι καὶ τῆι γυναικὶ χαίρειν. τοῦ Χολοὺ τοῦ ἱερέως θεοῦ Νέου Φιλοπάτορος καὶ θεοῦ Ἀδέλφων καὶ θεῶν Εὐεργετῶν καὶ θεοῦ Ἐπιφανοῦς καὶ θεοῦ Νέου Φιλοπάτορος καὶ θεοῦ Εὐεργέτου καὶ θεῶν Φιλομητόρων Σωτήρων, ὑποτετάχαμεν.

... προστετάχαμεν Ἑρμοχράτει τῷ συγγενεῖ καὶ στρατηγῷ καὶ ἐπιστρατήγῳ περὶ τῶν κατὰ τὴν ΣΙ|²)·
γενήσεται ὅπως ἐξιοῦτε ἔτους δευτέρου Δαισίου τρίτη Φαρμοῦθι τρ³)ίτη

Βασίλισσα Κλεοπάτρα καὶ βασιλεὺς Πτολεμαῖος Ἑρμοχράτει τῷ ἀδελφῷ χαίρειν· τῆς ὀφθείσης ἐντεύξεως
ν παρεχομένων δὲ τὰς ἐν τῇ αὐλῇ χρείας
γυ̣νέσθω οὖν καθότιπερ ἐξιοῦσι ἔρρωσο.

Βασιλίσσῃ Κλεοπάτρᾳ καὶ βασιλεῖ Πτολεμαίῳ Θεοῖς Φιλομήτορσι Σωτῆρσι χαίρειν· οἱ ἀποσταλέντες
ἐπὶ τοῦ κατὰ Συήνην ὅρους τὰς χρείας
τα ἐξ ἀρχαίων καὶ ἕως τῶν πρώτων λο(4)
εν οἱ δὲ τὴν πέντην π[ε]οστασίαν διὰ πιχ
ιερὸν τῆς γῆς νόμω καλούμενον Ψύων ἱερὸν
αι⁵) τῶν ἄλλων τῶν τὸν τόπον κατοικοῦντων
εἶκεν ἀνατεθῆναι δὲ καὶ ἐν τῷ ἐπὶ⁶) τοῦ κατὰ Συήνην ὅρου στήλην
τὰ περιγινόμενα ὑπὸ τοῦ πυρὸς φλεγνθῶπα
ε επιμίμνηστοι καὶ περὶ
τοῦ καὶ Ναχροφόρων καὶ αἰωνοβίων εἰ δοκεῖ προστάξαι τῶν δεῖνα, τῶν συγγενεῖ καὶ
ἐπιστολογράφῳ γράψαι Ἑρμοχράτει τῷ συγγενεῖ καὶ στρατηγῷ καὶ ἐπιστρατήγῳ τῆς Θηβαίδος
χ τοῦ νομοῦ λχ πιανεμ ἀρχιωμεν εὐτυχεῖτε.

Διὸ δεόμεθα οὖν ὑμῶν, τῶν μεγίστων θεῶν

επιστ οληδιαντίγραφον ὑπόχειται, ὅπως κατακολουθ θῇ, ἃ ὑποτετάχαμεν
ὑ πετύχῃ ἢ [προ]χειμένη ἐπιστο[λή].

οἳ ἐπὶ τοῦ κατὰ Συήνην ὅρους, ὃ [κατα]λείπομεν(⁷), ε
δ σσα Κλεοπάτρᾳ καὶ βασιλεῖ Πτολεμαίῳ τῇ ἀδελφῇ καὶ βασιλίσσῃ Κλεοπάτρᾳ τὴν γυναῖκ]α Θεοῖς Εὐεργ έταις χαίρειν.
κ̣α̣ι̣ ἄλλα μ̣ό̣θεισα(⁸) [εὐ]ψυχιαν ν
ἐν Ἐλεφαντίνῃ ἱερὸν Χνουβίωνος ἐξ ἀρχαίων κα
ιν παρα τῆς σης ὑμῶν μεγαλοψυχίας(?) προηγμεθα προ
Θεῷ Χνούβῳ Ν[εβιηβ] γεωργοῦμενων δ' εἰς τὸ ἐν Ἐλ εφαντίνῃ ἱερὸν
u. s. w.

Die in den folgenden 15 Zeilen entzifferten Buchstaben geben keinen zusammenhängenden Sinn mehr. Die abweichenden Lesarten Mahaffys sind nur angegeben, wo sie etwas neues bieten.

¹) M. Ἡσαι τελ. ²) M. Συ[ήνης]. doch ist auf den Abklatsch der Strich nach dem Σ an dieses zu eng angeschlossen, als das ein Υ hier gelesen werden kann; vielleicht περὶ τῶν κατὰ τὴν Σήτην νῆσον ἱερόν. ³) Sayce und Mahaffy: τετάρτῃ; nach dem von mir benutzten Abklatsch ist beides möglich. ⁴) M. λογ. ⁵) M. ο. ⁶) M. ΕΠΙΣ. ⁷) M. ὄρους π[ό]λλα εἴπομεν εν. ⁸) M. ὑγιαίν]ν τε κα[ὶ εὐηχίαν. ⁹) M. ϑ.

κότων | τῆς Ἀμμωνίου αἱρέσεως, | οὗ μέτρα νότου ἐπὶ βορ[ρᾶ]ν | ιΓ, λιβὸς ἐπ' ἀπηλιώτ[η]ν | ἕως ψυγμοῦ. L ιϛ Φ $\overset{M}{A}$ ΙΑ.

144. Schwarze Granitstele aus Dime am Birket-el-Kurun im Faiyum, jetzt im berliner Museum. Nachrichten der königlichen Gesellschaft der Wissenschaften zu Göttingen 1892 S. 532 Krebs.

ὑπὲρ βασιλέως Πτολε|μαίου τοῦ καὶ Ἀλεξάν|δρου θεοῦ Φιλομή-
τορος | Ἀπολλώνιος Ἰσχυρίωνος | γραμματεύων Πανταλέ|οντι τῶν
ὁμοτίμων τοῖς | συγγενέσι καὶ οἰκονό|μῳ σιτικῶν τῆς Ἡρακλεί|δου
μερίδος τὸ ιηL | κατηρτίσατο διδόσθαι | παρά τε ἑαυτοῦ καὶ τῶν |
διὰ τῆς μερίδος ἀσχο|λουμένων ὑπ' αὐτοὺς | καὶ εἰς τὸν μετέ-
πειτα | χρόνον κατ' ἔτος πυροῦ | ἀρτάβας ρπβL, ὃ καὶ κα|τήρξατο
ἀπὸ νουμηνίας | τοῦ Θῶυθ τοῦ ιθL εἰς τὸ | ἀρτοκόπιν (so) Σοκ-
νοπαίῳ καὶ | Νεφερσῇ, θεοῖς μεγίστοις.

145. Schwarzer Granit aus Dime am Birket-el-Kurun im Faiyum, jetzt im Museum zu Gize. Hermathena 1895 XXI 162 Mahaffy.

ὑπὲρ βασιλέως Πτολεμαίου | τοῦ καὶ Ἀλεξάνδρου θεοῦ Φιλο-|
μήτορος καὶ Λυσανίου τοῦ | συγγενοῦς καὶ στρατηγοῦ | καὶ ἐπὶ
τῶν προσόδων τοῦ |Ἀρσινοΐτου L κ Ἀθὺρ Ζ | ἐπ'Ἀνικήτου, οἰκο-
νόμου σιτικῶν | τῆς Ἡρακλείδου μερίδος, κατηρ|τίσθη δίδοσθαι
παρά τε ἑαυτοῦ | καὶ τῶν ὑπασχολουμένων ἐν | τῇ οἰκονομίᾳ διὰ
τῆς μερίδος | κατ' ἐνιαυτὸν ἀπαρχὴν εἰς τὸ | ἱερὸν τοῦ μεγίστου
θεοῦ Σοκνο|παίου πυροῦ ἀρ$\overset{α}{ }$ ρπβL ὥστε | εἰς ἑκάστην ἡμέραν
τοῦ ἐνιαυ|τοῦ πυροῦ L, οἱ δὲ μεταληψόμε|νοι τὴν χρείαν μετρή-
σουσι κα|τ' ἔτος εἰς τὸ ἱερὸν τὰς ἴσας ἐπι|λαμβάνοντες τὴν
κατακειμέ|νην ὑπὸ τοῦ Ἀνικήτου ἐν τῷ ἱερῷ | γραφὴν τοῦ κατ'
ἄνδρα.

146. Inschrift in Philae. CIGr. 4897 und add.; Letronne II 19; Lepsius XII 86 No. 231.

βασιλέω[ς Πτολεμαίου] | τοῦ καὶ Ἀ[λεξάνδρου] | τὸ προσ[κύνημα]|
καὶ τῆ[ς βασιλίσσης] | καὶ τ[ῶν τέκνων] | παρὰ τ[ῇ κυρίᾳ Ἴσιδι] |
ἔγραψ[αν Ν . . .] | Σωπ[1])[άτρου καὶ] | Χαιρ[ήμων ὁ υἱὸς] | αὐτ[οῦ
L . .] | με[χείρ . . .

1) Lepsius: ΟοΠ/.

147. Inschrift in Philae. CIGr. 4897; Letronne II 22; Lepsius XII 85 No. 215.

βασ[ιλέως Πτο]|λεμ[αίου τοῦ καὶ] | Ἀλε[ξάνδρου τὸ] | προσ[κύνη]μα [καὶ] | τῆ[ς βασιλίσσης] | κα[ὶ τῶν τέκνων] TAP[1]).

[1]) Lepsius.

148. Weisse Marmortafel aus Kuklia auf Cypern, jetzt im brittischen Museum. Journ. of hell. stud. 1888 IX 229 Gardner; Hermes 1894 XXIX 436 f. Wilcken. Brief des Antiochus Grypos aus dem Jahre 108 an Ptolemäus Alexander über die Freiheit der Seleukier in Pieria. Der Brief beginnt:

Β]ασιλεὺς Ἀντίοχος βασιλεῖ Πτολεμαίῳ τῷ καὶ [Ἀ]λεξάνδρῳ τῷ ἀδελφῷ χαίρειν· εἰ ἔρρωσαι εἴη ἂν ὡς βου[λόμ]εϑα, καὶ αὐτοὶ δὲ ὑγιαίνομεν καὶ σοῦ ἐμνημονεύομεν [φιλοστ]όργως,

und schliesst:

ἔρρω]σϑε (?) L̄γ, γορπιαίου κ' [β (?).

Ptolemäus XII.

149. Basis in Kuklia auf Cypern. Journ. of hell. stud. 1888 IX 227 Gardner; Sakellarios I[2] 101 No. 80.

βασιλέα Πτολεμαῖον ϑεὸν | Ἀλέξανδρον Ἰσίδωρος Ἑλένου | Ἀντιοχεὺς ὁ συγγενὴς καὶ | ἀρχεδέατρος εὐ[εργεσί]ας ἕνεκεν.

Die Inschrift kann auch auf Ptolemäus XI bezogen werden, doch wird dieser niemals ϑεὸς Ἀλέξανδρος, sondern stets mit seinem Doppelnamen genannt. Auffällig im höchsten Grade ist die Verbindung des Eigennamens mit dem Gottestitel überhaupt. Ueber den Donator s. Journ. of hell. stud. 1888 IX 248; über seinen Vater, den Erzieher des Königs s. ebenda S. 232 u. 251.

Ptolemäus XIII.

150. Inschrift auf der Basis eines Obelisken in Philae vor dem Bau des Nektanebos. CIGr. 4899; Letronne II 67; Lepsius XII 83, 203.

βασιλέως Πτολεμαίου | ϑεοῦ νέου Διονύσου | Φιλοπάτορος καὶ Φιλα|δέλφου καὶ τῶν τέκνων | τὸ προσκύνημα παρὰ τη(ι) κυ|ρία(ι) Ἴσιδι καὶ τοῖς συννάοις ϑε|οῖς Θεόδοτος Ἀγησιφῶντος | Ἀχαιὸς ἀπὸ Πατρῶν πεποί[ηκεν].

151. Inschrift an dem Propylon des grossen Tempels auf Philae. CIGr. 4898; Letronne II 52; Lepsius XII 84 No. 228.

βασιλέως Πτολε|μαίου ϑεοῦ Φιλο|πάτορος Φιλαδέλφου | καὶ τῆς βασιλίσσης | καὶ τῶν τέκνων | τὸ προσκύνημα | πα[ρ]ὰ τῇ Ἴσιδι τῇ κυρίᾳ, ὃ ἔγραψεν | Λυσίμαχος πάρεδρος L ΙΒ̄ Μεσορὴ γ.

152. Inschrift an dem Propylon des Nektanebos in Philae. CIGr. 4897b; Letronne II 34; Lepsius, Denkmäler XII 85 No. 226.

Καλλίμαχος | ὁ συγγενὴς καὶ ἐπι|στράτηγος καὶ στρα|τηγὸς τῆς ἰνδικῆς | καὶ ἐρυϑρᾶς ϑαλάσσης | ἥκω πρὸς τὴν κ[υ]ρίαν Ἴσιν | καὶ πεπο(ί)ηκα τὸ προσκι'νημα | τοῦ κυρίου βασιλέ[ω]ς, ϑεοῦ νέου | Διονύσου Φιλοπάτορ[ο]ς | [καὶ Φιλ]αδέλφου | L ῙΘ̄ Παχὼν ϑ¹).

¹) Das Datum ist nach Lepsius gegeben; die früheren Herausgeber hatten L Θ παχων ε gelesen.

Für Kallimachus s. CIGr. III add. 4897 c, 4897 d = Lepsius a. a. O. No. 225, 227; CIGr. 4905 und vollständiger mit Datum Comptes rendues de l'académie des inscr. 1871 S. 285.

153. Inschrift auf Philae. Lepsius XII 83 No. 201.

ὑπὲρ βασιλέως Πτολε[μ]αίου | καὶ βασιλίσσης Κλε[οπάτρας ϑε]ῶν | [Φ]ιλοπατόρων [κα]ὶ [Φιλαδέλφων. . . . .

154. Inschrift auf dem Granitsockel eines Krokodils aus Arsinoe im Faiyum (?). Zeitschrift für ägyptische Sprache 1884 S. 136, Wilcken.

.L κγ, Φαρμοῦθι ιβ ὑπὲρ βασιλέως μεγάλου | Πτολεμαίου, θεοῦ
νέον Διονύσου | Πετεσοῦχον | θεὸν μέγαν | τὸν ἐπ' αὐτοῦ φανέντα
Παῦνι ιη [κ]α¹) L | Ἀπολλώνιος Ἀπολλωνίου Ταλέσ(ε)ως²)(?).

Die Inschrift ist auf die Seiten des Sockels verteilt.

¹) βα L, verbessert von Wilcken.   ²) Ταλεσως.

155. Schwarze Marmorbasis in Kos. BCH. V 227 Hauvette-Besnault; Paton-Hicks, inscriptions of Cos 74.

βασιλέα μέγαν Πτολεμαῖον τὸ[ν]¹) | Φιλοπάτορα καὶ Φιλάδελ-
φον | Ἀπολλοφάνης καὶ Ἰλιάδης | ἄρξαντες καὶ Ζηνόδωρος | ὑπὲρ
τοῦ πολιτεύματος.

¹) Nur von Paton-Hicks.

156. Zwei nicht zusammengehörige Fragmente aus Naukratis. A. Egypt exploration fund, Naukratis II (1888) S. 68, Pl. 22 Gardner; B. Academy 1885 S. 17 Bericht von Poole.

A.
βασιλέα Πτολ]εμαῖον θεὸν
Φιλοπάτ]ορα Φι[λάδελφον

B¹).
βασιλέα [Πτολεμαῖον θεὸν] νέον
Διό[νυσον] | Πτολεμ[αῖος ὁ δεῖνα.

¹) In der Publikation über Naukratis nicht zu finden.

Ein anderes unwichtiges hierher gehöriges Fragment ist abgebildet in Egypt exploration fund, Naukratis I (1886) Pl. 31 No. 10 Gardner.

Ptolemäus XIV.

Ptolemäus XV.

Ptolemäus XVI.

157. Granit aus Theben, jetzt im turiner Museum. CIGr. 4717, nicht im CIGr. Sic. et Ital. Ehrendekret für Kallimachus seitens der Priester des Amonrasonther, der Aeltesten und der andern allen in Theben. Dasselbe beginnt:

βασιλευόντων Κλεοπ]άτρας θε[ᾶς] Φιλοπάτορ[ος καὶ Π]τολεμαίου τοῦ καὶ Κα[ί]σαρος [θ]εοῦ Φιλοπάτορος Φιλομή[τορος L $\overline{ι}$[1]) Ἀρτ]εμισίου ... Φαμενὼθ ... [ἔδο]ξε τοῖς ἀπὸ Διοσπόλεως τῆ[ς μεγάλης] ἱερεῦσι το[ῦ μεγίστου θεοῦ Ἀμο]νρασωνθὴρ καὶ τοῖς πρεσβυτέροις καὶ τοῖς ἄλλοις πᾶσι· ἐπειδὴ Κα[λλ]ίμαχος ὁ συγγεν[ή]ς.
u. s. w.

[1]) CIGr.: L$\overline{ι}$ τοῦ καὶ $\overline{β}$ s. oben S. 35 und Anm. zur chron. Tabelle No. 47.

158. Granitblock im Museum von Alexandrien. Bull. dell instituto 1866 S. 200 Wescher; Botti 135.

Ἀντώνιον μέγαν | καμίμητον Ἀφροδίσιος παράσιτος τὸν ἑαυτοῦ θεὸν | καὶ εὐεργέτην L $\overline{ιθ}$ τοῦ καὶ Δ[1]), Χοίαχ κθ.

[1]) LIΘToY$\overline{Δ}$ Wescher, LIΘTOYA Botti; im übrigen liest letzterer einiges weniger.

158a. Stein auf Delos. CIL. III 7232; Gardthausen, Augustus II 1 S. 169 No. 20.

[regem?] regu[m | Cleo]patrae· f | // Cn. f. Apo //

Unbestimmte Inschriften.

159. Stein in Kuklia auf Cypern. Journ. of hell. stud. 1888 IX 255 Gardner; Sakellarios I² 96 No. 57.

β]ασιλεὺς Πτολεμαῖος | [Πυργ]οτέλην Ζώητος ἀρχιτεκτονήσ[αντα] | τὴν τριακοντήρη καὶ εἰκ[οσήρη.

Vielleicht Ptolemäus II oder IV nach Athenäus V 203, 204.

160. Statuenbasis aus weissem Marmor in Delos. BCH. III 367 Homolle.

Κλ[ε]οπ[ά]τρα βασιλέως | Πτο[λ]εμαίου [ϑ]υγ[α]τή[ρ] | Ἵμερον Ζήνω[νος Ἀϑ]ηνα[ῖ]ον | Ἀπό[λλ]ω[νι Ἀρτ]έμιδ[ι] Λ[ητο]ῖ | [ἀ]νέϑηκεν.

161. Blaue Marmorbasis in Salamis auf Cypern. Journ. of hell. stud. 1891 XII 195 Tubbs.

Πτολεμαῖον βασιλέως υἱὸν | τὸν στρατηγὸν καὶ ναύαρχον | καὶ ἀρχιερέα | καὶ ἀρχικύνηγον | τὸ κοινὸν τῶν ἐν Κύπρῳ | τασσομένων Θρᾳκῶν | καὶ τῶν συμπολιτευομένων.

162. Statuenbasis aus Marmor in Delos. BCH. II 327 Homolle.

ὁ δῆμος ὁ Δηλίων βασιλέα Π[τολεμαῖον ...] | βασιλέως Πτολεμαίου καὶ βα[σιλίσσης ... ϑεῶν ...] | εὐσεβείας ἕνεκεν τῆς περὶ τὸ ἱερ[ὸν καὶ εὐεργεσίας], | τῆς εἰς τὸν δῆμον τὸν Δηλίων.

163. Marmor in Kyrene. History of the recent discoveries at Cyrene 1864 (London) S. 114 No. 16 Sunth und Porcher.

... Πτο]λ[εμ]αῖον Σωτήρων | (so) ... ιστων Λυσιφάνευς | ἀνέϑηκε.

164. Fragment einer Kalksteinbasis. Olympia V 314.

βασιλέα Πτο]λεμαῖο[ν βα|σιλέως Πτο]λεμαίῳ [Κυρα|ναῖοι εὐνοί]ας ἕνεκ[εν.

Wegen des dorischen Genetivs als Weihung der Kyrenäer angesehen.

165. Fragment einer Kalksteinbasis. Olympia V 313.

..... βασιλέα Πτολε]μαῖον ..... [τὸν ἑαυτοῦ ἀδε]λφὸν.

166. Weisse Marmorplatte aus Benha (Athribis), verkauft an einen Engländer. BCH. 1889 XIII 179 S. Reinach.

ὑπὲρ βασιλέως Πτολεμαίου | καὶ βασιλίσσης Κλεοπάτρας | καὶ τῶν τέκνων | Ἑρμίας καὶ Φιλοτέρα ἡ γυνὴ | καὶ τὰ παιδία τήνδε ἐξέδραν, | τὴ(ν) προσευχήν.

167. Weisse Marmorplatte aus Benha (Athribis), verkauft an einen Engländer. BCH. 1889 XIII 178 S. Reinach.

ὑπὲρ βασιλέως Πτολεμαίου | καὶ βασιλίσσης Κλεοπάτρας | Πτολεμαῖος Ἐπικύδου, | ὁ ἐπιστάτης τῶν φυλακιτῶν | καὶ οἱ ἐν Ἀθρίβει Ἰουδαῖοι | τὴν προσευχὴν | θεῷ ὑψίστῳ.

Reinach entscheidet sich ohne Grund für Ptolemäus V. s. No. 130.

168. Basis in Kuklia auf Cypern. Journ. of hell. stud. 1888 IX 232 Gardner.

τὸν δεῖνα τοῦ δεῖνα, τὸν συγγενῆ | τοῦ βασι]λέ[ως Πτολεμαίου | καὶ βασιλίσσης Κλεοπ]άτρας [θεῶν | ....]ν αἱ ἐν Κύπ[ρῳ τασ|σό-μεναι πεζ]ικαὶ δυνάμε[ις εὐεργεσία]ς ἕνεκεν τῆς ε[ἰς ἑαυτὰς.

169. Weisse Marmorbasis in Delos. BCH. II 398 Homolle.

Ὁ δᾶμος ὁ Θηραίων | Διονύσιον Τιμώνακτος Μυλασέα τῶν | βασιλέως Πτολεμαίου καὶ βασιλίσσας Κλεοπάτρας | πράτων φίλων καὶ ἀρχιδικαστὰν ἀρετᾶς ἕνεκα | τᾶς εἰς αὐτόν· θεοῖς.

Auf der Rückseite ὁ δῆμος ὁ Ἀθηναίων.

170. Basis in Kuklia auf Cypern. Journ. of hell. stud. 1888 IX 226 Gardner; Sakellarios I³ 98 No. 62.

..... ἱππέων καὶ εὐωνύμ[ων ......] | τοῦ βασιλέως τῶν .....] | στρατηγῶν καὶ ἐστρα[τηγηκότων ....] | εὐνοίας τῆς εἰς βασιλέ[α Πτολεμαῖον καὶ βασίλισσαν] | Κλεοπάτραν τὴν ἀδελφ[ὴν θεοὺς ....] καὶ τῆς εἰς ἑα[υτ]ὴν εὐεργ[εσίας ἕνεκεν.

Unbestimmte Inschriften.

171. Schwarze Marmorbasis in Amathus auf Cypern. Le Bas III² 2821 a nach Ross, Rh. Mus. 1850 VII S. 518.

.........] Ἀμμώνι[ον] Σά[μ]ιον, [τ]ῶν | [ἀρχι]σωματοφυλάκων,[1]) τὸν ἐπὶ τῆς | [π]όλεως, καὶ Φίλαν τὴν γυναῖκα αὐτοῦ | [τ]ὴν Καρπίωνος θυγατέρα, τῶν φίλων, | [Ἀ]λεξανδρίδα καὶ τοὺς υἱοὺς Ἀμμώνιον | [καὶ] Καρπίωνα καὶ Παγκράτην τῶν διαδόχων | [καὶ Φίλαν (?)] τὴν θυγατέρα ἀρετῆς ἕνεκεν | [καὶ εὐνοίας τῆς εἰς β]ασιλέα Πτολεμαῖον καὶ βασίλισσα[ν | [....θεοὺς....καὶ Ἀμα-θουσίους.

[1]) Ross: Σάμιον Ἰων[α?) | τῶν] σωματοφυλάκων.

172. Alabasterfragment mit schöner griechischer Schrift; im Jahre 1881 im Besitz von Dr. Grant in Kairo; abgeschrieben von Wiedemann.

βασιλέ[α Πτολεμαῖον....] | θεὸν Φιλ[........] | Ἀπολλό[δωρος τοῦ δεῖνα τὸν] | γυμνα[σίαρχον καὶ...]

173. Reliefvase aus ägyptischem Porzellan im brittischen Museum. RA. 1863 I 259 n. s. IV Lenormant.

θε]ᾷ Κλεοπάτ[ρᾳ | ἀ]γαθ[ῇ] τ[ύχ]η.

Das Relief zeigt eine libierende Frauengestalt mit Füllhorn in der linken Hand; auf dem Haupte eine Stephane (?). Vor ihr ein grosser Altar, hinter ihr eine „konische Meta". Ueber dem Altar die Inschrift; das Anfangswort ist wahrscheinlich falsch ergänzt, da θεός und θεά nicht zu dem Eigennamen, sondern zu dem Beinamen treten, eine gute Ergänzung weiss ich nicht. L. teilt die Inschrift der Kleopatra Selene zu auf grund der Aehnlichkeit dieses Frauengesichtes mit Münztypen, die Visconti, iconogr. III 241 der ersten Frau des Philometor Soter zuschreibt.

174. Hahn aus Terracotta, auf dem ein mit einem Mantel bekleideter Knabe sitzt. Cesnola, Salaminia 206. Die Inschrift steht auf der Plinthe.

τῇ]ι Κλεοπάτ[ραι] βασι[λίσσηι].

Zwei unverständliche Fragmente aus Hawara s. Flinders-Petrie, Hawara Biahum and Arsinoe 1889 Taf. VII 7, 8; ein anderes Petrie, Koptos Taf. 22.

APPENDICES

1. Chronologie. Namen und Beinamen.
(pp. 64-70)

2. Chronologie. Chronologische Tabelle.
(pp. 70-103)

INDEX
(pp. 104-118)

Concordances
(pp. 119-120)

Namen und Beinamen.

Name	Offizieller Beiname	Offiziöse Beinamen und Schmeichelnamen	Populäre Namen und Spottnamen	Titel im Alexanderkult	Titel im eigenen Kult
Ptolemäus I Berenike I	Soter	Theos[1])		mit Frau: Götter Soteren	im Jahre 8 des Philopator und vorher: Ptolemäus im Jahre 12 des Philopator: Ptolemäus Theos im Jahre 15 des Philopator: Ptolemäus im Jahre 23 des Epiphanes und für die Folgezeit: Ptolemäus Soter
Ptolemäus, der älteste Sohn			Keraunos		
Ptolemäus II Arsinoe I Arsinoe II	Philadelphos (Philadelphos?[2])			m. Fr.: Götter Adelphen	Ptolemäus Philadelphos Arsinoe Philadelphos
Ptolemäus III s. Frau Berenike II s. Tochter Berenike	Euergetes		Tryphon (?)[3]	m. Fr.: Götter Euergeten	Ptolemäus Euergetes Berenike Euergetis, Sozusa[4] Άνασσα παρθένων[5]
Ptolemäus IV	Philopator	Soter[6] Nikephoros[7] Dionysos[7]	Gallus[8] Tryphon[9] Mann der Agathokleia[10]	m. Fr.: G. Philopatoren	Ptolemäus Philopator
Arsinoe III					Arsinoe Philopator
Ptolemäus V	Epiphanes	Eucharistos Nikephoros[13] der Grosse[12] der Verteidiger Aegyptens[14]		in s. 8. J.: d. siegr. Gott v. s. 9. J.: Gott Epiphanes m. Fr.: Götter Epiphane	Ptolemäus Gott Epiphanes Eucharistos

Namen und Beinamen.

Kleopatra I			Syra[15]		Kleopatra, Mutter, G. Epiphanes[16]
Ptolemäus VI	Philometor	Eucharistos?[17]	Soter[17] Euergetes[17]	m.Fr.: G. Philometoren allein: Gott Philometor	Ptolemäus Philometor
Kleopatra II	Philometor Soteira[17a]				Göttin Philometor Soteira in Alexandrien? Königin Kleopatra[17a]
Ptolemäus VII	Eupator			Gott Eupator	Ptolemäus Gott Eupator
Ptolemäus VIII	Euergetes	Philometor[18] Nikephoros[19]	Physkon[20] Kakergetes[21] Philologus[22]	m. Philometor u. Kleopatra 170–163 } G. Philometoren m.s. Fr., d. Kleopatren II u. III 146–116 } G. Euergeten	Ptolemäus Euergetes
Ptolemäus, Sohn der Kleopatra II			Memphites[23]		
Kleopatra III	Philometor Soteira	Philadelphos[26] Nikephoros[27]	Kokke[25]	m. ihren Söhnen: Götter Philometoren Soteren	Euergetis Philometor Soter die Rechtliebende die Siegreiche (Nikephoros)[24]
Ptolemäus IX Ptolemäus von Kyrene	Neos Philopator	Apion		Gott Neos Philopator	
Ptolemäus X	Soter, Philometor Philadelphos[28]	Nikephoros[27] Potheinos[29]	Lathyros[30] (Physkon)[31] Pareisaktos[32]	m. s. Mutter: G. Philometoren Soteren m. s. Frauen: G. Philometoren (Soteren[30a])	
Kleopatra IV Kleopatra-Selene				mit seiner Tochter ??	

Namen und Beinamen.

Name	Offizieller Beiname	Offiziöse Beinamen und Schmeichelnamen	Populäre Namen und Spottnamen	Titel im Alexanderkult	Titel im eigenen Kult
Tochter Kleopatra-Berenike	Philometor	Philadelphe Philopator (?)[33]		mit Alexander I: Götter Philometoren[34] mit Alexander II: ? mit i. Vater Soter II: ?	
Ptolemäus XI Alexander I	Philometor Soter, später Philometor	Nikephoros[35]		mit Mutter: Götter Philometoren Soteren m. Fr.: G. Philometoren[34]	
Ptolemäus XII Alexander II	?			mit Frau: ?	
Ptolemäus XIII Philopator Philadelphos		Neos Dionysos	Auletes[36] Nothos[37]	mit Frau: Götter Philopatoren Philadelphen[38]	
Fr. Kleopatra Tryphäna					
Tochter Kleopatra Tryphäna					
Tochter Berenike IV					
Tochter Kleopatra VII	Philopator[39]	Nea Isis[40] Thea Neotera[40]			
Ptolemäus XIV	Philopator?				
Ptolemäus XV Caesar	Philopator Philometor[39]				
Ptolemäus, Sohn der Kleopatra VII	Philopator Philadelphos[41]				

Anmerkungen zur Tabelle.

[1]) Inschrift aus Halikarnass τοῦ Σωτῆρος καὶ Θεοῦ, Anhang 1; ebenso auf Münzen und in 2 Papyrus, Pap. dem. Louvre 2433 und 2443 rev. ég. I 6.

[2]) Wenn Ptolemäus II den Beinamen bei seiner Thronbesteigung angenommen hat, so hiess wahrscheinlich auch Arsinoe I: Philadelphos.

[3]) Eusebius armen. Uebersetzg. I 251: Ptolemaeus, qui et Triphon; Trogus, Prol. XXVII und XXX; chron. pasch. 329, 15.

[4]) Parömiogr. graec. III 94 Σώζουσα. Nach dem gewaltsamen Tode der Berenike durch Ptolemäus Philopator lässt letzterer ihr ein Heiligtum bauen ὁ ἐκάλουν Βερενίκης Σωζούσης. Vergl. Crusius, tübing. Programm 1887, Plutarchi de proverbiis Alexandrinorum libellus 23 Εὔνους ὁ σφάκτης.

[5]) Dekret von Kanopus.

[6]) Anhang 57.

[7]) Clemens Protrept. IV 54 (47 P.): Πτολεμαῖος δ' ὁ τέταρτος Διόνυσος ἐκαλεῖτο.

[8]) Etym. magn. 220, 22: Γάλλος ὁ Φιλοπάτωρ Πτολεμαῖος· διὰ τὸ φύλλοις κισσοῦ κατεστίχθαι ὡς οἱ Γάλλοι· αἰεὶ γὰρ ταῖς Διονυσιακαῖς τελεταῖς κισσῷ ἐστεφανοῦντο; chron. pasch. 332, 8.

[9]) Plinius, histor. nat. VII 208: Ptolomaeus Philopator, qui Tryphon cognominatus est.

[10]) Strabo XVII 795 ὁ Φιλοπάτωρ ὁ τῆς Ἀγαθοκλείας.

[12]) Anhang 73.

[13]) Pap. dem. Louvre 2408, rev. ég. I 124². Der demotische Ausdruck wurde von Revillout zuerst mit ‚le maître du Xopes', später mit ‚le victorieux' wiedergegeben. Letztere Uebersetzung dürfte dem von mir gewählten, auch sonst häufigen Beiwort νικηφόρος dem Sinne nach entsprechen.

[14]) Dekret von Rosette s. S. 126.

[15]) Appian, Syriak. 5: Κλεοπάτραν τὴν Σύραν ἐπίκλησιν.

[16]) 2 Papp. dem. berl. 97, a, b aus dem Jahre 150, nouv. chrest. dém. 46. Das Priestertum in Theben scheint nach dem Tode der Königin eingerichtet zu sein. ‚Mutter' heisst sie im Gegensatz zu ihrer Tochter und Enkelin, von denen die erstere meist als ‚Königin Kleopatra' bezeichnet wird. Im einzelnen habe ich die abweichenden Benennungen, die im Laufe der Jahre häufiger wechseln, nicht aufgeführt und mich begnügt, diejenigen anzugeben, die längere Zeit bestanden zu haben scheinen.

[17]) Alle drei Titel sind Anreden des memphitischen Klausners in seinen Bittschriften, Pap. griech. leid. B., par. 26, par. 29. Den Namen Εὐχάριστος habe ich höher gestellt als die anderen zwei auf grund einer Inschrift aus Assuan, Anhang 90. Die in Frage kommenden Buchstaben ΕΥ können allerdings auch den Namensanfang des Weihenden bilden.

[17a]) Die Beinamen ‚Philometor Soteira' kennen wir aus einem berliner Papyrus für das Jahr 130 s. S. 42². Ihnen beigefügt ist der Gottestitel, so dass Kleopatra wahrscheinlich sie auch in einem eigenen Kult — vielleicht in der Reichshauptstadt — vorübergehend geführt hat. In Ptolemais hiess sie im eigenen Kult ‚Königin Kleopatra'.

[18]) Thebanisches Relief, Lepsius, Abh. berl. Ak. 1852 S. 476, auf dem der König mit seinen Geschwistern dem Ammon opfert als „die drei Philo-

metoren"; chron. pasch. 346, 15; Revillout, catalogue du musée égyptien S. 42 No. 543 (nicht im Buchhandel erschienen) beschreibt eine Apisstele: „le roi Philometor, genou en terre, adore Apis debout. La stèle raconte l'ensévelissement de l'Apis né.... et mort en l'an 6 de Philometor". Der hier genannte Apis ist, wie aus anderen Stelen hervorgeht, im Jahre 6 des Euergetes II gestorben. Ist hier nun der betende König wirklich Philometor genannt, so ist die Stele ein weiterer Beweis, dass Euergetes diesen Namen trug.

[19]) Anrede eines Bittstellers Apollonius aus dem Jahre 44 δέομαι ὑμῶν τῶν μεγίστων θεῶν καὶ Νικητόρων, Pap. griech. par. 14 z. 33.

[20]) Eusebius I 257 arm. Uebersetz. und Epitome Syria ebenda I app. III 56; Strabo XVII 795 und öfter; Diodor XXXIII 22.

[21]) Athenäus XII 549d; IV 184c.

[22]) Epiphanius, über Maasse und Gewichte ed. Lagarde, Symmikta II (1880) cp. 12 Πτολεμαῖος ὁ Φιλολόγος καὶ Εὐεργέτης. Revillout, mélanges 291 entnimmt einem griechischen Soldatenbrief aus dem 15. Jahre eines ungenannten Königs einen weiteren Spitznamen für Euergetes: croupion (Bürzel) („καὶ ἑαυτῶν δ' ἐπιμελόμενοι γλουτ/ ἀγνοητε"). Aus dem halbverstümmelten vorletzten Wort, das gerade so gut den Eigennamen eines Beamten enthalten kann, solche Schlüsse zu ziehen und daraufhin den zeitlich unbestimmten Brief zu datieren, dürfte denn doch wohl gar zu kühn sein.

[23]) Diodor XXXIII 13.

[24]) 2 Pap. dem. Vatican. und New-York rev. ég. III 25 und sonst aus der Zeit nach Euergetes' Tod. Euergetis auch in einer Inschrift aus Delos, Anhang 138. Zu Lebzeiten des Euergetes giebt es in Ptolemais eine Priesterin der Kleopatra, „der Frau des Königs".

[25]) Der Spottname Kokke ist von Letronne (Journal des savants 1842 Dez., recueil II 79[1]) als ‚Kokkes' dem Alexander I zugeschrieben, während von Gutschmid bei Sharpe, Geschichte Aegyptens II 9, ihn der Kleopatra III zuteilt. Es handelt sich um drei Stellen:
Strabo XVII 794 ἐσύλησε δ' αὐτὴν (πύελον) ὁ Κόκκης καὶ Παρείσακτος ἐπικληθεὶς Πτολεμαῖος.
Chron. pasch. 347, 12 Πτολεμαῖος ὁ καὶ Ἀλέξανδρος υἱὸς Πτολεμαίου τοῦ δευτέρου Εὐεργέτου καὶ Κόκκης μητρὸς ἀπεβλήθη τῆς βασιλείας.
Chron. pasch. 346, 15 Αἰγύπτου θ (ἐβασίλευσεν) Πτολεμαῖος ὁ καὶ Ἀλέξανδρος υἱὸς Πτολεμαίου τοῦ δευτέρου Εὐεργέτου καὶ Φιλομήτορος.

Hätten wir die Angabe Strabo's nicht, man wäre versucht, den Beinamen ganz aus der Liste zu streichen und in der zweiten Chronikonstelle die ursprüngliche Fassung zu sehen, die höchstens an einem überflüssigen ‚καί' litte. Aber Strabo muss als Gewährsmann für seinen Ptolemäerbericht einen im Klatsch der früheren Hauptstadt wohlbewanderten Mann gehabt haben, der ihm für vier der acht aufgezählten Könige einen Spottnamen zu sagen wusste. Er hat ohne Zweifel in Alexandrien den Namen gehört. Letronne erklärt es für unzulässig, dass ‚ὁ Κόκκης' ‚der Sohn der Kokke' heissen könne; es müsse unbedingt ὁ τῆς Κόκκης καὶ ὁ Παρείσακτος stehen. Ich glaube mit Unrecht; ὁ Κόκκης in der Bedeutung ‚Sohn der Kokke' ist so gut griechisch wie Εἰρήνη ἡ Πτολεμαίου, Πύρρα ἡ Φιλίνου in der Rosettana. Alle jene

Inschriften, die beginnen ὑπὲρ βασιλέως Πτολεμαίου τοῦ Πτολεμαίου, werden, in den Nominativ übertragen, kaum anders lauten können als βασιλεὺς Πτολεμαῖος ὁ Πτολεμαίου. Wenn das zugegeben wird, so liegt kein Grund vor, Kokke nicht für den Spitznamen der Mutter zu halten.

[26]) Nach Lepsius, Abh. berl. Ak. 1852 S. 483 auf grund zweier hieroglyphischer Listen in Ombos s. Anm. 33.

[27]) Anrede der Chnumpriester auf der Assuaninschrift (Anhang 140 Abs. 6 z. 49) an Kleopatra und Soter II: διὸ δεόμεθα οὖν ὑμῶν τῶν μεγίστων θ]εῶν Νικηφόρων καὶ αἰωνοβίων.

[28]) Philadelphus: Eusebius I 172 s. S. 63. Vielleicht ist dafür ‚Philometor' in Wegfall gekommen.

[29]) Chron. pasch. 347, 15: Αἰγύπτου ι ἐβασίλευσεν Πτολεμαῖος ὁ Ποθεινὸς ὁ ἐξωσθείς, ὁ αὐτὸς ὢν καὶ Φούσκων καὶ Σωτήρ, υἱὸς Κλεοπάτρας ἔτη η; Chronographion syntomon, Eusebius ed. Schöne I Append. IV 91. Ποθεινός vielleicht nach seiner Rückkehr.

[30]) Lathuros: Strabo XVII 795; Josephus ant. Jud. XIII 370; Plinius II 169; Trogus Prol. IXL.

[30a]) Anhang 139.

[31]) Marmorchronik aus dem Jahre 16 n. Chr. zuletzt Kaibel inscr. Sic. 1297; Eusebius I 172; chron. pasch. 347, 15 u. a. Der Spottname eignet dem Soter voraussichtlich nicht.

[32]) s. Anm. zur chron. Tabelle zu Ptolemäus X und XI.

[33]) Lepsius, Abh. Berl. Ak. 1852 S. 483 auf grund zweier hieroglyphischer Listen in Ombos. Ob die Priester hier und bei dem Beinamen Philadelphe der Kleopatra III, die beide sonst garnicht vorkommen, nicht Verwirrung angerichtet haben, steht dahin. Lepsius ist von der Vorzüglichkeit solcher hieroglyphischer Listen sehr überzeugt.

[34]) In Pap. griech. leid. O. aus dem letzten Jahre des Alexander und der Kleopatra-Berenike ist die Reihe der consekrierten Ptolemäer nicht ausgeschrieben, sondern durch die Formel ἐφ' ἱερέως τοῦ ὄντος Ἀλεξάνδρου καὶ τῶν ἄλλων κοινῶν vereinfacht. Da aber das Königspaar im Datum ‚Götter Philometoren' genannt und im Datum fast durchweg der Beiname des Alexanderkultes genannt wird, so lässt sich derselbe hier einsetzen.

[35]) Anrede eines Bittstellers ὑπὲρ ὑμῶν, μέγιστοι θεοὶ καὶ Νικηφόροι. Pap. griech. leid. G.

[36]) Strabo XVII 796, 798, chron. pasch. 348, 9 Αἰγύπτου ιᾱ βασιλεὺς Πτολεμαῖος ὁ νέος Διόνυσος Αὐλήτης Πτολεμαίου Φούσκωνος τοῦ καὶ Σωτῆρος υἱός, ἀδελφὸς δὲ Κλεοπάτρας ἔτη λ, u. a.

[37]) Trogus, Prol. lXL 14.

[38]) s. Anm. 34.

[39]) Anhang 157 βασιλευόντων Κλεοπ]άτρας θε[ᾶς] Φιλοπάτορ[ος καὶ Π]τολεμαίου τοῦ καὶ Καίσαρος [θ]εοῦ Φιλοπάτορος Φιλομή[τορος].

[40]) Münzen s. S. 19; Plutarch, Antonius 54 Κλεοπάτρα μὲν γὰρ καὶ τότε (im Jahre 34) .... στολὴν ἱερὰν Ἴσιδος ἐλάμβανε καὶ νέα Ἴσις ἐχρημάτιζεν.

[41]) Dio IL 32, 4 .... νεώτερον δὲ Πτολεμαῖον τὸν καὶ Φιλάδελφον ἐπικληθέντα ἀνεῖλετο (Ἀντώνιος).

Chronologische Tabelle.

Hauptdaten der Regierungsfolge	Nebendaten der Familienchronik	Regier.-Jahr des Königs	Ereignisse
	367		Ptolemäus I Soter I, Sohn des Lagus und der Arsinoe geboren.[1])
	324 Frühjahr		— heiratet Artacama, Tochter des Artabazos.[2])
323 Herbst			— wird Satrap von Aegypten.[3])
	nach 323		— heiratet die Hetäre Thais.[5])
	321		— heiratet Eurydike, Tochter des Antipater.[4])
	um 317		— heiratet Berenike I.[6])
	um 316		Arsinoe Philadelphe geboren.[10])
308—258			Magas, Stiefsohn des Soter, Regent in Kyrene.[6])
304 { nach 5. I. vor 7. XI.		1	Ptolemäus I Soter I nimmt den Königstitel an.[7])
	um 304		Ptolemäus II Philadelphus geboren.[8])
	um 300	5	— giebt seine Tochter Arsinoe an Lysimachus von Thrakien.[6]) — giebt seine Tochter Lysandra I an Agathokles, Sohn des Lysimachus von Thrakien.[4])
	um 300?	5	— giebt seine Tochter Theoxena an Agathokles von Sicilien.[6])
	299	6	— verlobt seine Tochter Ptolemais dem Demetrius Poliorketes.[4])
	296	9	— giebt seine Tochter Antigone an Pyrrhus von Epirus.[6])
	vor 293	13	— giebt seine Tochter Lysandra II an Alexander, Sohn des Kassander von Makedonien.[4])
	?		— giebt seine natürliche(?) Tochter Eirene an Eunostus, König der Soli auf Cypern.[5])
	287/6	19	Eurydike verlässt mit ihrer Tochter Ptolemais Aegypten und giebt diese an Demetrius Poliorketes.[4])
nach 285 2. XI. vor 284 1. XI.		21	Ptolemäus I dankt ab und übergiebt die Regierung seinem jüngsten Sohne Philadelphus.[1])

Chronologie.

Hauptdaten der Regierungsfolge	Nebendaten der Familienchronik	Regier.-Jahr des Königs	Ereignisse
nach 285 2. XI. vor 284 1. XI.		1	Ptolemäus II Philadelphus.
	285?	1	— heiratet Arsinoe, Tochter des Lysimachus von Thrakien.[9]
	283/2	2/3	Ptolemäus I Soter I stirbt.[1]
	nach 280 vor oder im Jahre 273	5—12	Ptolemäus II verbannt Arsinoe I nach Koptos, heiratet seine Schwester Arsinoe II.[10]
sicher 267-259 vielleicht 271-259		19—27 15—27	— macht seinen Sohn Euergetes zum Mitherrscher.[13]
	um 260	25	— verlobt seinen Sohn Euergetes mit seiner Nichte Berenike, der Erbin von Kyrene.[12]
zwischen 261-251		25—35	Ptolemäus (?), natürlicher Sohn des Philadelphus, Kommandant von Ephesos, fällt ab und wird getötet.[11]
	um 248	37	Ptolemäus II giebt seine Tochter Berenike an Antiochus II Theos von Syrien.[9]
246		39	— stirbt.[9]
246, spätestens 24. X.		1	Ptolemäus III Euergetes I.[13]
	um 246	1	— heiratet Berenike II.[12]
	238 März	9	Berenike, die Tochter, stirbt.[12]
nach 222 18. X. vor 221 17. X. wahrscheinlich 221		26=1	Ptolemäus III stirbt.[13] Ptolemäus IV Philopator I.
	221?	1	Berenike, Magas, Lysimachus werden durch Philopator und Sosibios ermordet.[12]
	nach 217?	5	Ptolemäus IV heiratet seine Schwester Arsinoe III.[14]
	209 oder 208 9. X.	13/14	Ptolemäus Epiphanes geboren.[16]
	zwischen 209—205	14—18	Ptolemäus IV lässt seine Frau Arsinoe III ermorden.[14]
spätestens 208, 29. XI.		15	— ernennt seinen Sohn Epiphanes zum Mitherrscher.[17]
nach 205 13. X. vor 204 13. X.		18=1	Ptolemäus IV stirbt.[15] Ptolemäus V Epiphanes regiert als Alleinherrscher unter Vormundschaft.

Chronologische Tabelle.

Hauptdaten der Regierungsfolge	Nebendaten der Familienchronik	Regier.-Jahr des Königs	Ereignisse
	199/98	7	Ptolemäus V Epiphanes wird verlobt mit Kleopatra, Tochter des Antiochus III von Syrien.[18]
196 27. III.		9	— wird für grossjährig erklärt durch die Krönung in Memphis. (?)
	193/92	13	— heiratet Kleopatra I von Syrien.[18]
	186 (19. I.?)	20	Geburt des ältesten Sohnes Philometor.[19]
	zwischen 185-181	21—25	Geburt der Kleopatra und des Euergetes.
nach 181 7. X. vor 180 7. X.		25=1	Ptolemäus V stirbt, vergiftet. Ptolemäus VI Philometor regiert als Alleinherrscher unter Vormundschaft der Mutter.
	spätestens 172	10	— heiratet seine Schwester Kleopatra II.[19]
vor 171 viell. 173/72 ?		11	Kleopatra I stirbt, Philometor regiert unter Vormundschaft des Euläus und Lenäus. (?)[18]
170 Frühjahr		11	Philometor wird von Antiochus IV Epiphanes von Syrien gefangen genommen.[20]
170—169 Winter		Ph. Euerg. 12	Ptolemäus VI Philometor König von Antiochus Gnaden in Memphis.[20]
		1	Ptolemäus VIII Euergetes II König in Alexandrien zusammen mit Kleopatra II. (?)[20]
169 Winter bis 164 Winter		13-18 2-7	Sammtregierung von Philometor, Kleopatra, Euergetes über das ganze Reich als Götter Philometoren.[21]
164 Ende oder 163 Anfang		18 7	Ptolemäus VI Philometor wird durch seinen Bruder Ptolemäus VIII Euergetes vertrieben.[22]
164 Ende (163 Anfang) bis 163 Sommer		7	Ptolemäus VIII Euergetes II und Kleopatra (?) regieren über das Reich.
			Rückkehr des Philometor Teilung des Reiches.

74 Chronologie.

Hauptdaten der Regierungsfolge	Nebendaten der Familienchronik	Regier.-Jahr des Königs	Ereignisse
seit 163 17. VIII.		18 7	Ptolemäus VI Philometor und Kleopatra II herrschen über Aegypten als Götter Philometoren, Ptolemäus VIII Euergetes II über Kyrene.[22]
	vor 162	19	Ptolemäus VII Eupator geboren.[23]
	150	31	Kleopatra Thea, älteste Tochter des Philometor, an Alexander Balas verheiratet.[24]
146/45		36	Ptolemäus VII Eupator wird Mitherrscher auf Cypern.[23]
145 nach Mai Anfang		36	Ptolemäus VI Philometor stirbt.[23] Ptolemäus VII Eupator und Kleopatra II herrschen wenige Wochen über Aegypten und Cypern.[23]
	145 Mitte	25	Ptolemäus VIII Euergetes II heiratet Kleopatra II.[25]
145 Mitte bis spät. 141 5. V.		25—29	Sammtherrschaft des Euergetes II und der Kleopatra II (und anfangs des Eupator?) als Götter Euergeten.[25]
	144?	26	Ptolemäus Memphites geboren.[27]
	143?	27	Heirat des Euergetes und seiner Nichte Kleopatra III.[25]
	142?	28	Ptolemäus X Soter II geboren.[25]
früh. 143? spät. 141 6. V.	mind. 133 11. IX. höchst. 131 X/XI.	27 } — { 37 29 } { 40	Sammtherrschaft des Euergetes II und der beiden Kleopatren als Götter Euergeten.[26]
		Kleop. Euerg. 1 40	Revolution in Alexandrien und einzelnen Teilen des Reiches. Kleopatra II regiert allein als Göttin Philometor Soteira.
130/29		2 41	Memphites und ein ungenannter (natürlicher?) Sohn des Euergetes werden von dem König ermordet.[27][33]
früh. 133 12. IX spät. 131 X/XI	mind. 124 30. I. höchst.124 8. VII.	Euergetes 37 } — { 46 40 } { 46	Sammtherrschaft des Euergetes II und der jüngeren Kleopatra (III) als Götter Euergeten, zum Teil durch Revolution auf einzelne Landesteile beschränkt.[28]
früh. 124 30. I. spät. 124 8. VII.	mind.119 29. VII. höchst.118 21. V.	46 — { 51 { 52	Sammtherrschaft des Euergetes und der beiden Kleopatren als Götter Euergeten.[29]

Chronologische Tabelle.

Hauptdaten der Regierungsfolge	Nebendaten der Familienchronik	Regier.-Jahr des Königs	Ereignisse
	123	47	Euergetes II giebt seine und der Kleopatra III Tochter, Tryphäna, an Antiochus Grypos.³²)
121/20		50	Ptolemäus IX Neos Philopator wird Regent auf Cypern.³⁰)
zwischen 119 29. VII.-116 28. VI.		51 — 54	Kleopatra II und Neos Philopator sterben.?²⁹)
spät. 118 21. V. bis 116 28. VI.		52 — 54	Sammtherrschaft des Euergetes II und der Kleopatra III als Götter Euergeten.²⁹)
116 28. VI.		54	Ptolemäus VIII Euergetes II stirbt.³¹)
116 28. VI.—96			Ptolemäus Apion Alleinherrscher in Kyrene.³³)
116 28. VI. bis spät. 115 März Ende		54=1—2	Kleopatra III Alleinherrscherin über Aegypten und Cypern als Göttin Philometor Soteira.³⁴)
spät. 115 März Ende bis 114		2—3	Sammtherrschaft der Kleopatra III und ihres Sohnes Ptolemäus X Soter II über Aegypten und Cypern als Götter Philometoren Soteren.³⁵)
	spät. 115 März Ende	2	Ptolemäus X Soter II verstösst seine Schwester-Frau Kleopatra, heiratet Selene.³²)
114 bis mind. 108 19. IX.		Kleop. Alex. 4—9 1—6	Sammtherrschaft(?) der Kleopatra III und ihrer Söhne Soter und Alexander, letzterer als Regent in Cypern mit eigener Jahreszählung.
108/07—88 Sommer		10—29	Soter wird von seiner Frau Selene geschieden und vertrieben, geht nach Cypern und herrscht dort.³²) ³⁵)
108/07—102/01		$\frac{10}{7} - \frac{16}{13}$	Sammtherrschaft der Kleopatra III und ihres Sohnes Ptolemäus XI Alexander I als Götter Philometoren Soteren, am Schluss ohne gemeinsamen Namen.³⁶)
	um 105?	12 9	Ptolemäus XII Alexander II geboren.³⁹)
101		16 13	Kleopatra III durch ihren Sohn Alexander ermordet; Soter auf Cypern anerkannt.?³⁶)
101—88 Sommer		13 — 26	Sammtregierung des Ptolemäus XI Alexander I und seiner Frau Kleopatra-Berenike als Götter Philometoren.³⁷)

Chronologie.

Hauptdaten der Regierungsfolge	Nebendaten der Familienchronik	Regier.-Jahr des Königs	Ereignisse
	96		Ptolemäus Apion gestorben.[33])
	um 95	19	Ptolemäus XIII Philopator Philadelphus (Neos Dionysos) geboren.[41])
		26 (Alex.) = 29 (Sot.)	Ptolemäus XI Alexander I stirbt.
88 Sommer bis 81 mind. 2. XII.		29 bis 37	Sammtregierung des Ptolemäus X Soter II und seiner Tochter Kleopatra-Berenike als Götter? über Aegypten und Cypern.[33])
früh. 81 2. XII. bis 80 Sommer		37=1	Ptolemäus X Soter II stirbt. Kleopatra-Berenike als Alleinherrscherin über Aegypten und Cypern als Göttin.?[38])
80 Sommer (19 Tage)		1	Ptolemäus XII Alexander II heiratet seine Stiefmutter, die regierende Königin Kleopatra-Berenike. 19 tägige Sammtregierung des Alexander II und der Kleopatra-Berenike.[39])
			Alexander II und Kleopatra-Berenike sterben.[39])
früh. 80 Sommer spät. 80 12. IX.		1 = 1	Sammtherrschaft(?) des Ptolemäus XIII Neos Dionysos nebst seiner Frau Kleopatra-Tryphäna als Götter Philopatoren Philadelphen und des Ptolemäus, Königs von Cypern.[40])[41])
	78 Mai 12	3	Erste Erwähnung der (Schwester?) Kleopatra-Tryphäna, der Frau des Neos Dionysos.[41])
	76 März 23	5	Ptolemäus XIII Philopator Philadelphus wird gekrönt.[41])
	69 zwischen Aug.—Dez.	12/13	Tod der Königin Kleopatra-Tryphäna.[43])
	69 Winter	13	Kleopatra (VII), illegitime Tochter des Königs, geboren.[46])
	zwischen 68-65	13—16	Arsinoe (IV), jüngere illegitime Tochter des Königs, geboren.[46])
	vor 63		Verlobung des Ptolemäus XIII Neos Dionysos und seines Bruders Ptolemäus, des Königs von Cypern, mit zwei Töchtern des Mithradates von Pontus.[44])
	61	20	Ptolemäus XIV geboren.[46])
	59	22	Ptolemäus XV geboren.[46])

Chronologische Tabelle.

Hauptdaten der Regierungsfolge	Nebendaten der Familienchronik	Regier.-Jahr des Königs		Ereignisse
59		22		Ptolemäus XIII Neos Dionysos als König in Rom anerkannt.[41])
58 Sommer		23		Ptolemäus, König von Cypern, soll durch Cato abgesetzt werden, nimmt Gift. Cypern wird römisch.[40])
58 Sommer bis 55 April		23—26		Ptolemäus XIII aus Aegypten vertrieben.[42])
58 Sommer bis spät. Sept. Anf.		23	1	Seine Tochter Kleopatra-Tryphäna Alleinherrscherin in Aegypten, stirbt im Anf. September (S. 68).
58 Herbst bis 56 Winter, spät. 6. IX.		23-26	1-3	Berenike IV, Tochter des Ptolemäus XIII, regiert in Aegypten als Alleinherrscherin, abgesehen von der wenige Tage dauernden Sammtherrschaft mit dem falschen Seleukidenprinzen (Kybiosaktes) (S. 68).
56 Winter bis 55 März Ende		26	3	Sammtherrschaft der Berenike IV und ihres Gemahls Archelaos, des Hochpriesters von Komana.[45])
55 April		26	3	Rückkehr des Ptolemäus XIII, Tod der Berenike IV und des Archelaos.?[42])
51 Mai Ende		30	1	Ptolemäus XIII stirbt. Sammtregierung des Ptolemäus XIV und seiner Schwester Kleopatra VII als Götter Philopatoren.?[47])
48 April/Mai		4		Kleopatra VII vertrieben. Ptolemäus XIV regiert als Alleinherrscher.[47])
48 nach Mitte August		4		Kleopatra VII kehrt nach Alexandrien zurück. Aussöhnung zwischen Kleopatra und Ptolemäus XIV durch Cäsar.[46])
48 Sept. Mitte bis Dez. Mitte		5	1?	Arsinoe IV entflieht aus Alexandrien und wird Königin bei dem Heere bis zum Eintreffen des Ptolemäus XIV. Kurze Sammtherrschaft des Ptolemäus XIV und der Arsinoe.?[46])
47 14. I.		5		Ptolemäus XIV ertrinkt im Nil.[46])
7 Januar bis 44		5	1	Sammtherrschaft des Ptolemäus XV und der Kleopatra VII als Götter.?[47])

Hauptdaten der Regierungsfolge	Nebendaten der Familienchronik	Regier.-Jahr des Königs	Ereignisse
47 23. VI.		5 1	Ptolemäus XVI Caesarion geboren.[48]
44		8 4	Ptolemäus XV ermordet.[46]
44, 43?		8,9	Kleopatra VII Alleinherrscherin, macht ihren Sohn Caesarion zum Mitherrscher.?[47]
	41 Anfang	11	Arsinoe VII ermordet in Ephesus.[46]
	41/40	12	Geburt der Zwillinge Alexander-Helios und Kleopatra-Selene.[49]
36 Frühjahr bis 30 Sept.		$\frac{16}{1} - \frac{22}{7}$	Sammtregierung der Kleopatra VII und des Cäsarion ohne gemeinsamen Namen.[47]
	36	$\frac{16}{1}$	Geburt des Ptolemäus Philadelphus.[49]
	34	$\frac{18}{3}$	Alexander mit Jotape von Medien verlobt. Kleopatra und ihre Kinder zu „Königen der Könige" durch Antonius ernannt.[49]
	31 nach 2. IX	$\frac{22}{7}$	Cäsarion für grossjährig erklärt.[47]
30 September		23	Kleopatra VII stirbt (S. 170). Ptolemäus XVI Cäsar stirbt auf der Flucht nach Aethiopien

Anmerkungen zur chronologischen Tabelle.

¹) Die Nachrichten der Schriftsteller für Ptolemäus I sind gesammelt von Geier, de Ptolemaei Lagidae vita et commentariorum fragmentis commentatio, Halle 1838. Ptolemäus lebt 84 Jahre (Lukian, Makrob. 12), stirbt Ol. 124 = 284 — 80. Er regiert nach dem Kanon des Geographen Ptolemaios (s. S. 168) 20 Jahre, also bis 286/85 einschl. Nach seiner Regierungszeit lebt er als Privatmann noch 2 Jahre (Porphyr. bei Eusebius I 162), folglich ist er 367 geboren.

Die Eltern nennt Suidas s. v. Lagos. Die sonst umlaufenden Erzählungen von der Vaterschaft des Königs Philipp (Pausan. I 6, 2) sind natürlich Erfindungen, wie zur genüge die Inschrift eines delischen Weihgeschenks beweist, Anhang 11: *θηρίκλειον χρυσῆν ἐπιγραφὴν ἔχουσαν Πτολεμαῖος Λάγου Μακεδὼν Ἀφροδίτει.* Die Ansicht Revillout's, rev. ég. I 1f., Soter habe sich Ptolemäos, Sohn des Ptolemäos genannt, steht auf demselben Brette. Vergl. ferner Köhler, über einige Fragmente zur Diadochengeschichte, Sitz. berl. Ak. 1891 S. 210.

²) Artacama: Arrian, Anab. VII 4, *ὁ δὲ (Ἀλέξανδρος) καὶ γάμους ἐποίησεν ἐν Σούσοις ἑαυτοῦ τε καὶ τῶν ἑταίρων ..... Πτολεμαίῳ δὲ τῷ σωματοφύλακι καὶ Εὐμένει τῷ γραμματεῖ τῷ βασιλικῷ τὰς Ἀρταβάζου παῖδας, τῷ μὲν Ἀρτακάμαν, τῷ δὲ Ἀρτωνιν (δίδωσιν).* Plutarch, Eumenes 1 nennt sie fälschlich Apama.

³) Satrapienverteilung: Justin XIII 4, 10, Diodor XVIII 3, Arrian, *τὰ μετὰ Ἀ.* I—V 5 (Didot). „Satrap" nennt sich Ptolemäus selbst in der sog. Satrapenstele (Museum zu Gize, Saal 36 No. 283), deren hieroglyphischer Text von Brugsch, Zäg Spr. 1871 S. 1 übersetzt ist. Vergl. Szanto, arch. epigr. Mitt. XV.

⁴) Eurydike und ihre Kinder: Pausan. I 6, 8 *εἰ δὲ ὁ Πτολεμαῖος οὗτος .... ὃς Εὐρυδίκῃ τῇ Ἀντιπάτρου συνοικῶν ὄντων οἱ παίδων, Βερενίκης ἐς ἔρωτα ἦλθεν.* Eine Zeitangabe für die Hochzeit ist nicht überliefert. Droysen II 1, 147 und Mahaffy S. 34 setzen sie in den Herbst 321 nach der Zusammenkunft der Satrapen in Triparadeisos, Niese S. 218 vor den Zug des Perdikkas gegen Aegypten in das Frühjahr 321. Eurydike verlässt Aegypten mit ihrer Tochter Ptolemais um 287/86, Plutarch, Demetrius 46.

Die Altersfolge der Kinder ist nicht bekannt. Keraunos, der vor den anderen Erbansprüche machte und den Vatersnamen trug, wird der älteste gewesen sein; ausdrücklich als Sohn der Eurydike bezeichnet ihn Synkellos 507 ed. Bonn: *οὗτος ὁ Λάγου καὶ Εὐρυδίκης παῖς τῆς Ἀντιπάτρου.* — Der andere Sohn, dessen Namen wir nicht kennen, ist erwähnt bei Pausanias I 7, 1 *ἀπέκτεινε δὲ καὶ (Φιλάδελφος) ἄλλον ἀδελφὸν γεγονότα ἐξ Εὐρυδίκης.* — Ptolemais wird dem Demetrius verlobt nach der Schlacht bei Ipsus, Plut. Demetrius 32: *γενομένης δὲ πρὸς Πτολεμαῖον διὰ Σελεύκου φιλίας αὐτῷ (Δημητρίῳ) ὡμολογήθη Πτολεμαΐδα τὴν Πτολεμαίου θυγατέρα λαβεῖν αὐτὸν γυναῖκα;* das Jahr ist nach Niese, S. 355, gegeben. Die Hochzeit findet statt, als Demetrius zum letzten grossen Feldzug nach Asien zieht, der im Jahre 287/6 begann, Plutarch a. a. O. 46 *(Δημήτριος) ἐπὶ τὴν Ἀσίαν ἔπλει, Λυσιμάχου Καρίαν καὶ Λυδίαν ἀποστήσων. δέχεται δὲ αὐτὸν Εὐρυδίκη περὶ Μίλητον ἀδελφὴ Φίλας ἄγουσα* τῶν αὐτῆς καὶ Πτολεμαίου θυγατέρων Πτολεμαΐδα καθωμολογημένην ἐκείνῳ πρότερον διὰ Σελεύκου. ταύτην γαμεῖ Δημήτριος Εὐρυδίκης ἐκδιδούσης.

Die Frage, ob wir ausser der Ptolemais noch eine oder zwei Töchter anzuerkennen haben, beruht auf der Wertschätzung von Plutarch, Demetrius 31, nach dem Seleukus die Stratonike heiratet, ἐπεὶ καὶ Λυσίμαχον ἑώρα τῶν Πτολεμαίου θυγατέρων τὴν μὲν ἑαυτῷ, τὴν δὲ Ἀγαθοκλεῖ τῷ υἱῷ λαμβάνοντα. Der nächstliegende Schluss ist, dass Agathokles' Hochzeit um dieselbe Zeit stattgehabt hat, wie die des Vaters, also um 300. Der Name der Frau, der hier nicht genannt ist, wird überliefert durch Pausan. I 10, 3 Ἀγαθοκλεῖ παίδων ὄντων ἐκ Λυσάνδρας und I 9, 6. Nun hat aber auch Alexander, der Sohn des Kassander von Makedonien, eine Lysandra zur Frau nach Eusebius I 232 Ἀλέξανδρος δὲ γαμεῖ μὲν Λυσάνδραν τὴν τοῦ Πτολεμαίου und, da dieser 293 von Demetrius Poliorketes ermordet wird, so muss man bei Festhaltung an dem Zeugniss des Plutarch entweder zwei Lysandren annehmen oder den Ausweg ergreifen, dass Agathokles zuerst im Jahre 300 eine andere, ungenannte Tochter des Ptolemäus heiratete, später die Lysandra. Wer die Plutarch-Stelle gering achtet, kann der einen Version des Pausan. I 9, 6 folgend mit Droysen (II 2, 236) die Heirat zwischen Agathokles und Lysandra nach dem Getenkrieg 292 ansetzen. Niese (I 354) hat — m. E. mit Recht — an Plutarch festgehalten und zwei Lysandren angenommen.

⁵) Thais und ihre Kinder: Athenäus XIII 576 e αὕτη δὲ ἡ Θαῒς μετὰ τὸν Ἀλέξανδρου θάνατον καὶ Πτολεμαίῳ ἐγαμήθη τῷ πρώτῳ βασιλεύσαντι Αἰγύπτου καὶ ἐγέννησεν αὐτῷ τέκνον Λεοντίσκον καὶ Λάγον, θυγατέρα δὲ Εἰρήνην, ἣν ἔγημεν Εὔνοστος ὁ Σόλων τῶν ἐν Κύπρῳ βασιλεύς. Möglicherweise ist — des τέκνον wegen — Leontiskus und Lagus dieselbe Person und man hat zu lesen Λεοντίσκον τὸν καὶ Λάγον. Thais ist schwerlich legitime Frau gewesen. Die Heirat der Tochter aber mit dem Stadtkönig Eunostus lässt die Möglichkeit zu, dass die Kinder den Stiefgeschwistern gleichgestellt wurden.

⁶) Berenike und ihre Kinder:
Theokrit XVII 60 ἔνθα γὰρ Εἰλείθυιαν ἐβωσατο λυσίζωνον
Ἀντιγόνας θυγάτηρ βεβαρημένα ὠδίνεσσιν.
Schol. zu 61 ed. Ziegler: ἡ γὰρ Βερενίκη ἐστὶν ἡ θυγάτηρ Ἀντιγόνης τῆς Κασάνδρου τοῦ Ἀντιπάτρου. Vor der Ehe mit Ptolemäus war Berenike mit einem Makedonier Philippus verheiratet nach Pausan. I 7, 1: (Μάγας) ἐκγεγόνει δὲ ἐκ Φιλίππου τῇ Βερενίκῃ und Plutarch, Pyrrh. 4. Die Ehe mit ihr muss Ptolemäus spätestens 316 eingegangen sein, da seine Tochter Arsinoe um 300 dem Lysimachus vermählt wird und wir nichts von grosser Jugend bei dieser Gelegenheit hören. Andererseits kann die Hochzeit nicht weit vor 316 angesetzt werden, da der König schon Kinder von der im Jahre 321 geheirateten ersten Frau hatte. Paus. I 6, 8 ὅς (Soter) Εὐρυδίκῃ τῇ Ἀντιπάτρου συνοικῶν ὄντων οἱ παίδων, Βερενίκης ἐς ἔρωτα ἦλθεν. Berenike's Tod setzt Mahaffy (Petrie Pap. I 19) nicht vor das 16. Jahr des Philadelphus, leider ohne Begründung.

Die Kinder erster Ehe sind vermutlich von Ptolemäus adoptiert worden, da die Töchter fürstliche Ehen eingehen.

Magas wird 308 zur Unterwerfung Kyrenes abgesandt (Niese, S. 310;

Anmerkungen zur chronologischen Tabelle. 81

Köhler, Sitz. berl. Ak. 1891 S. 209), ein Unternehmen, bei dem er mindestens 20 Jahre alt gewesen sein wird. Er stirbt βασιλεύσας Κυρήνης ἔτη πεντήκοντα nach Agatharchides bei Athenäus XII 550. Die 50 Jahre werden eine runde Zahl sein; von Wilamowitz, Antigonos von Karystos 229 Anm. 57 hält die runde Zahl für richtig mit der Begründung, Porphyrius setze den Tod des Demetrius Antigonos' Sohn, den er durchaus mit Demetrius Antigonos' Bruder verwechsele, ol. 130, 2 = 258 (Euseb. I 237) und dieser, der schöne Demetrius, sei als Bräutigam der Erbtochter gekommen. Das ist richtig, aber damit fällt der Tod des Magas nicht bestimmt in das Jahr 258. Wir wissen nichts über die Dauer der Herrschaft des schönen Demetrius in Kyrene, die mit seiner Ermordung ihren Abschluss fand. — Antigone: Plutarch, Pyrrh. 4 (Πύρρος) προεκρίθη λαβεῖν Ἀντιγόνην γυναῖκα τῶν Βερενίκης θυγατέρων, ἣν ἔσχεν ἐκ Φιλίππου πρὶν ἢ Πτολεμαίῳ συνοικεῖν· μετὰ δὲ τὸν γάμον τοῦτον.... διεπράξατο χρήματα λαβὼν καὶ δύναμιν εἰς Ἤπειρον ἐπὶ τὴν βασιλείαν ἀποσταλῆναι. Der Beginn der Regierung des Pyrrhus fällt in das Jahr 296 oder 295, vergl. Velleius Paterculus I 14, 5: at Q. Fabio quintum, Decio Mure quartum consulibus, quo anno Pyrrhus regnare coepit. — Theoxena: Justin XXIII 2, 6 igitur Agathocles.... desperatis rebus uxorem suam Theoxenam genitosque ex ea duos parvulos.... Aegyptum, unde uxorem acceperat, remittit. Die Heirat wird von Droysen (II 2, 243) um 300 angesetzt; die Rückkehr der Theoxena fand statt um 289. Dass Theoxena eine Tochter der Berenike und des Philipp war, ist nicht ausdrücklich überliefert.

Meleager, Argäus, Philotera. Von diesen drei Kindern des Soter ist die Mutter unbekannt. Meleager: Synkellos 513 Μακεδόνων ἢ ἐβασίλευσε Πτολεμαῖος Μελέαγρος ἀδελφὸς Πτολεμαίου, τοῦ Λάγου, μῆνας δύο. Argäus: Pausan. I 7, 1 δευτέρα δ' ἀδελφὸν ἀπέκτεινε Ἀργαῖον ἐπιβουλεύοντα, ὡς λέγεται (Φιλάδελφος). Philotera: Strabo, XVI 769 ἀπὸ δὲ Ἡρώων πόλεως πλέουσι κατὰ τὴν Τρωγλοδυτικὴν πόλιν εἶναι Φιλωτέραν ἀπὸ τῆς ἀδελφῆς τοῦ δευτέρου Πτολεμαίου προσαγορευθεῖσαν und hierogl. Stele in London (Brugsch, thesaurus V 908) col. 2: [„Der König ernannte mich] zum Propheten der Schwester und Tochter des Königs Philotera".

⁷) Wenn nach der übereinstimmenden Versicherung der Schriftsteller (Diodor XX 35, 4; Plutarch, Demetrius 18; Appian Syriak. 54; Justin XV 2, 10) Ptolemäus schon nach der Schlacht bei Salamis im Jahre 306 zum König von den Truppen ausgerufen wurde, so muss die Nachricht des Kanon, nach dem obiges Datum gegeben ist, dahin erklärt werden, dass Ptolemäus erst nach dem 7. XI. 305 (= 1. Thoth) sich hat feierlich krönen lassen — vielleicht in Memphis — und dass die Zeit, in der er ungekrönter König war, noch nach den fictiven Regierungsjahren des Alexander II gerechnet ist. Diese Annahme wird bestätigt durch drei demotische Papyrus (Pap. dem. Louvre 2420 H, 2427, 2440, chrest. dém. 219—225), die vom „Jahre 13 Athyr des Königs Alexander, des Sohnes des Alexander" datiert sind. In den zwei ersten Monaten des Jahres 305/04 hatte die Krönung also noch nicht stattgehabt.

⁸) Das Geburtsjahr des Philadelphus wird nach Droysen III 1, 264 und Niese 388 auf 309/308 angesetzt. Die Quelle, nach der die Angabe ge-

macht ist, ist mir nicht bekannt. Das von mir gegebene Datum stützt sich auf das oben entwickelte Erbrecht, nach dem nur die unter dem Purpur Geborenen legitim waren s. S. 94. Niese vermutet, Philadelphus habe die Regierung am 1. Thoth = 2. Nov. 285 übernommen. Ich glaube mit Unrecht. Wenn noch unter Epiphanes die griechischen Monatsdaten in einer Priesterurkunde verzeichnet und zwar an erster Stelle verzeichnet werden (Rosettastein), und unter Euergetes I der griechische Monat sogar allein als Bezeichnung des Königsgeburtstages gesetzt ist (Dekret von Kanopus), so haben sich die ersten Ptolemäer sicher nicht in dem Masse um den ägyptischen Kalender gekümmert, dass sie auf sein Neujahr Rücksicht genommen hätten. Selbst in dem Ehrendecret CIGr. 4717, durch das die Priester des Amonrasonther und das Aeltestcollegium und alle Anderen aus Diospolis Magna allerhand Ehren für einen gewissen Kallimachus beschliessen, ist noch das Doppeldatum, mit dem griechischen an erster Stelle, zu finden, obgleich der griechische Kalender in dieser Zeit dem ägyptischen vollständig angeglichen ist; und dieses Ehrendecret ist um das Jahr 40 ausgefertigt. Eher möglich wäre es, dass das Neujahr des makedonischen Kalenders bei der Uebergabe der Krone in betracht zu ziehen ist, aber auch das ist höchst unwahrscheinlich.

⁹) **Arsinoe I und ihre Kinder**: Die Zeit der Hochzeit des Philadelphus mit Arsinoe I ist nicht überliefert. Droysen II 2, 318 nimmt das Jahr 283, Niese (389) 285—83 an, Wilcken bei Pauli-Wissowa s. v. Arsinoe 25 vermutet vor 281/80.

Die Hochzeit wird berichtet von Schol. Theocr. XVII 128: Πτολεμαίῳ τῷ Φιλαδέλφῳ συνῴκει πρότερον Ἀρσινόη ἡ Λυσιμάχου, ἀφ᾽ ἧς καὶ τοὺς παῖδας ἐγέννησε Πτολεμαῖον καὶ Λυσίμαχον καὶ Βερενίκην. ἐπιβουλεύουσαν δ᾽ αὐτὴν εὑρὼν ..... ἐξέπεμψεν εἰς Κοπτὸν τῆς Θηβαΐδος καὶ τὴν οἰκείαν ἀδελφὴν Ἀρσινόην ἔγημε. καὶ εἰσεποιήσατο αὐτῇ τοὺς ἐκ τῆς προτέρας Ἀρσινόης γεννηθέντας (αὐτῷ) παῖδας· αὕτη γὰρ ἡ Φιλάδελφος ἄτεκνος ἀπέθανεν. Die Verbannung der Arsinoe I setzt Wilcken a. a. O. um 278/7. Die Reihenfolge der **Kinder** ist nicht ausdrücklich überliefert; vermutlich sind sie vor der Geschwisterhochzeit geboren. **Lysimachus** wird im Anfang der Regierung des Philopator von diesem ermordet: Polyb. XV 25, 2 ὅτι Σωσίβιος ὁ ψευδεπίτροπος Πτολεμαίου ἐδόκει γεγονέναι σκεῦος ἀγχίνουν καὶ πολυχρόνιον, ἔτι δὲ κακοποιοῦν ἐν βασιλείᾳ καὶ πρώτῳ μὲν ἀρτῦσαι φόνον Λυσιμάχῳ ὃς ἦν υἱὸς Ἀρσινόης τῆς Λυσιμάχου καὶ Πτολεμαίου. **Berenike** ward um das Jahr 248 anlässig des Friedensschlusses zwischen Philadelphus und Antiochus II von Syrien letzterem zur Frau gegeben: Hieronym. in Daniel. 12, 5 volens itaque Ptolemaeus post multos annos molestum finire certamen, filiam suam nomine Berenicen Antiocho uxorem duxit. Sie stirbt 246 nach dem Tode des Antiochus Theos: Appian, Syr. 65 καὶ αὐτὸν ἔκτεινε Λαοδίκη (Ἀντίοχον) καὶ ἐπ᾽ ἐκείνῳ Βερενίκην τε καὶ τὸ Βερενίκης βρέφος. — Wenn die jetzt allgemeine Annahme, dass Antiochus Theos bis 246 regiert hat, das Richtige trifft, so lässt sich aus Appians ebencitierten Worten „ἐπ᾽ ἐκείνῳ" und aus denen des Hieronymus (in Daniel. XII 6): „occisa Berenice et mortuo Ptolemaeo" sowie aus Justin XXVII 1 schliessen, dass Philadelphus noch zum mindesten ¹/₄ seines 39. Regierungsjahres gelebt hat.

Anmerkungen zur chronologischen Tabelle.

[10]) Die Zeit der Geschwisterhochzeit ist bestimmt von Wiedemann ‚die Ehe des Ptolemäus Philadelphus mit Arsinoe II' (Philol. 1888 S. 85) auf grund folgenden hieroglyphischen Textes: ‚Im Jahre 12 im Monate Pachon unter der Regierung des Philadelphus. Es durchzog Sr. Majestät Aegypten mit der wirklichen Fürstin, der Geliebten... der kgl. Gemahlin, der Herrin beider Länder, der Tochter und Gemahlin.... eines Ptolemäers, der Philadelphos' (Pithomstele ed. Naville, the store-city of Pithom and the route of the exodus, Egypt Exploration Fund 1885 2 ed., Zäg Spr. 1895 Brugsch-Erman). Die obere Grenze ist das Jahr 280, in dem Arsinoe mit Ptolemäus Keraunos verheiratet war. Arsinoe II ist geboren um 316, da sie um 300 mit Lysimachus verheiratet wird. Arsinoe's Todesjahr ist unsicher, nur soviel scheint festzustehen, dass sie vor Philadelphus starb, vergl. Paus. I 7, 3. Ueber die Königin, und besonders über die Zeit ihrer Hochzeit, giebt es eine eigene Litteratur, die ziemlich vollständig von Häberlin, Quaestiones Theocriteae, Philol. 1891 S. 618 und von Ehrlich, de Callimachi hymnis, breslauer philol. Abh. 1894 S. 4 angegeben ist. Zuletzt haben über Arsinoe gehandelt: Wilcken bei Pauli-Wissowa s. v. Arsinoe 26, Mahaffy, the empire 138 f. und Köhler, zur Geschichte Ptolemaios' II Philadelphos, Sitz. berl. Ak. 1895 S. 971. Letzterer hält das Datum der Pithomstele, das Jahr 274, für das Hochzeitsjahr, weil „in den weiterhin folgenden Teilen der Inschrift Arsinoe zweimal als Gemahlin erwähnt wird, ohne dass eine besondere Veranlassung vorlag, während sie in den vorausgehenden Abschnitten an keiner Stelle vorkommt". Mir scheint eine solche Folgerung zu weit zu gehen den Phrasen der Priester gegenüber.

[11]) Athenäus XIII 593 und Trogus Prol. XXVI erwähnen diesen sonst unbekannten Sohn des Philadelphus, der nach ersterem ‚Ptolemäus' heisst und Kommandant von Ephesus war. Die Mutter (minderbürtig?) ist unbekannt. S. S. 7 Anm. 1.

[12]) Berenike und ihre Kinder: Justin XXVI 3, 2. Per idem tempus rex Cyrenarum Magas decedit qui ante infirmitatem Beronicen unicam filiam ad finienda cum Ptolomeo fratre certamina filio eius desponderat. Magas stirbt um 260, vergl. Anm. 6. Da Berenike bald danach nach Justin's Erzählung handelnd auftritt, so mag sie um 270 geboren sein. Die Hochzeit fand ungefähr zur Zeit des Regierungsantrittes statt, nach Catull 66, 11:

Qua rex tempestate novo auctus hymenaeo
Vastatum finis iverat Assyrios.

Da im Decret von Kanopus, das aus dem Frühjahr 238 stammt, von den Eroberungen in Asien nur unbestimmt als von etwas weit zurückliegendem gesprochen wird, gehören sie in die ersten Jahre des Euergetes und somit auch die Hochzeit. Nach demselben Dekret ist der Geburtstag des Euergetes am 5. Dios, ein Datum, das auf unseren Kalender bis jetzt noch nicht einmal annähernd übertragen werden kann (Februar?).

Die Reihenfolge der Kinder ist unbekannt; doch wird, wenn die Ueberlegung der nächsten Anmerkung das Richtige trifft, die Reihenfolge: Berenike, Philopator, Magas, Arsinoe der Wirklichkeit entsprechen. Denn im 10. Jahre des Euergetes wird schon von seinen „Kindern" gesprochen und da Berenike

84   Chronologie.

im 9. Jahre starb, so können unter den Kindern nur Philopator und Magas verstanden werden, wenn man nicht noch andere, uns unbekannte Kinder des Euergetes annehmen will (Petrie Pap. 14). Berenike, die Tochter: Dekret von Kanopus (7. März 238) z. 46: καὶ ἐπειδὴ τὴν ἐγ βασιλέως Πτολεμαίου καὶ βασιλίσσης Βερενίκης θεῶν Εὐεργετῶν γεγενημένην θυγατέρα καὶ ὀνομασθεῖσαν Βερενίκην ... συνέβη ταύτην παρθένον οὖσαν ἐξαίφνης μετελθεῖν εἰς τὸν ἀέναον κόσμον. Die Tochter war bis zur Auffindung des Dekrets unbekannt. — Magas: Polyb. XV 25, 2; V 36, 1 καὶ πρώτῳ μὲν ἀρτῦσαι φόνον Λυσιμάχῳ ... δευτέρῳ δὲ Μάγᾳ τῷ Πτολεμαίου καὶ Βερενίκης τῆς Μάγα, τρίτῃ δὲ Βερενίκῃ τῇ Πτολεμαίου μητρὶ τοῦ Φιλοπάτορος. Crusius, Plutarchi de proverbiis Alexandrinorum libellus S. 10 No. 13 (tübing. Programm 1887) λούσαιο τὸν Πελίαν .... ἐλούσαντο δὲ καὶ ἄλλοι πολλοὶ κακῶς. Μάγαν μὲν γὰρ τὸν τοῦ Φιλοπάτορος ἀδελφὸν ὁ Θέογος (Gaisford: Σωσίβιος) λουόμενον καθήψησε ζέοντα λέβητα ἐπικλύσας αὐτῷ. Vergl. Crusius im tübing. Programm 1895 S. 49, wo er mit Recht die Gaisford'sche Conjectur zurückweist.

[13]) Ueber die Mitherrschaft des Euergetes s. S. 25. Dass Euergetes einen Teil seines 26. Regierungsjahres gelebt hat, ist von vornherein anzunehmen, weil ihm der Kanon 25 Jahre giebt. Sicher wird es einerseits durch eine phönizische Inschrift aus Masub (s. S. 150[4]), andererseits durch zwei ziemlich unverständliche Papyrusfragmente der Flinders-Petrie-Sammlung gemacht, die ein „Jahr 2" neben ein „Jahr 26" stellen (II 37). Mahaffy erläutert dies dahin, dass das höhere Jahr zu Euergetes gehöre, das niedrigere zu seinem Nachfolger Philopator. Das Fehlen des Jahres 1 des Philopator, das gleich dem 26. des Euergetes ist, fände seine Erklärung darin, dass es unpraktisch bei Berechnungen gewesen wäre, ein einmal benanntes Jahr umzunennen, also eine Rechnung, die mit dem 26. Jahr beginne, nachher mit dem 1. fortzusetzen, wo beide doch dasselbe bedeuten. Ich glaube die Erklärung trifft das Richtige. Es findet hier also das dem gewöhnlichen Brauche entgegengesetzte Verfahren statt. In der Zählung der Jahre nimmt der neue König das ganze Jahr in Beschlag, wenn er auch wenige Tage nur von demselben regiert, hier wird nach dem Verstorbenen über den Tod hinaus weitergezählt.

[14]) Ueber die Zeit der Geschwisterhochzeit zwischen Philopater und Arsinoe wissen wir nichts. Wahrscheinlich ist Arsinoe viel jünger als der Bruder. Dafür spricht 1. die späte Geburt des Epiphanes (209), 2. der Umstand, dass Polybios gelegentlich der Schlacht von Raphia (217) die Arsinoe nur ἀδελφή, niemals γυνή oder βασίλισσα nennt (Pol. V 83, 3 84, 1 87, 6) — und hier steht ἀδελφή sicherlich in der eigentlichen Bedeutung —, 3. die Worte des Polybios (XV 25, 9) τοῦ μὲν γὰρ βασιλέως οὐθεὶς οὐθένα λόγον ἐποιεῖτο, περὶ δὲ τῆς Ἀρσινόης, ἀνανεούμενοί τινες μὲν τὴν ὀρφανίαν αὐτῆς, ἔνιοι δὲ τὴν ἐξ ἀρχῆς ἐν τῷ ζῆν ὕβριν, ἣν ὑπέμεινε. Nach der Heirat kann Arsinoe nicht mehr Waise genannt werden und die schlechte Behandlung wird wohl auf Rechnung Philopator's gesetzt werden müssen. In etwas wird der zweite Grund durch eine Inschrift aus Alexandrien unterstützt: Anhang 53 βασιλεὺς Πτολεμαῖος βασιλέως Πτολεμαίου καὶ βασιλίσσης Βερενίκης θεῶν Εὐεργετῶν εὐοδίᾳ, die wohl auf den einzigen Ausmarsch, den der König unternommen, auf den syrischen Krieg, zu beziehen ist. Dieselbe Ueberlegung stellt Mahaffy 265, 276 an.

Anmerkungen zur chronologischen Tabelle.

Ueber die Zeit ihres Todes lässt sich streiten. Sicher ist sie durch Sosibius ermordet worden: Polyb. XV 25, 2 καὶ πρώτῳ μὲν ἀρτῦσαι φόνον (Σωσίβιος) . . . . πέμτῃ θυγατρὶ Βερενίκης Ἀρσινόῃ. Die vier vorhergehenden Morde, die Polybius dem Sosibius zuschreibt, sind jedenfalls zu Lebzeiten, also auch mit Wissen des Philopator gemacht; an dem Morde seiner Frau ist der König möglicherweise unschuldig. Lepsius freilich setzt den Tod der Arsinoe in das Jahr 209 (Abh. berl. Ak. 1852 Taf. 2), aber ohne Angabe der Gründe. Der einzige Bericht, auf den Verlass ist, der bei Polybius, ist undeutlich. Nach dem Tode des Königs (Pol. XV 25, 3f.) treten μετὰ δ' ἡμέρας τρεῖς ἢ τέτταρας (nach welchem Ereignis?) Agathokles und Sosibius auf die Rednerbühne und verkünden den Tod des Königs und der Königin. Sie lassen zwei silberne Urnen herbeischaffen, von denen die eine die Gebeine des Königs enthielt, die andere aber πλήρης ἦν ἀρωμάτων. Da merkt das Volk, was mit der Arsinoe geschehen war. Denn da die Thatsache des Todes nun klar zu tage lag, suchte man nach der Ursache; οὐκ οὔσης δὲ προφάσεως ἄλλης οὐδεμιᾶς, τῆς ἀληθινῆς φήμης προσπεπτωκυίας ἀκμὴν δ' ἀμφισβητουμένης, τὸ κατ' ἀλήθειαν γεγονὸς ἐν ταῖς ἑκάστων γνώναις ἐπεσφραγίσθη u. s. w. Nach der Vereidigung der Truppen schickt Sosibius den Philammon, der den Mord der Arsinoe ausgeführt hatte, als Libyarchen nach Kyrene. Aus diesem Berichte lassen sich Schlüsse nach beiden Seiten hin ziehen. Das Fehlen der Leiche der Königin lässt auf eine längere Zwischenzeit seit dem Tode der Arsinoe schliessen, die Belohnung des Mörders und die Unwissenheit des Volkes auf eine möglichst kleine. Eine Inschrift, die Vater und Sohn, aber nicht die Mutter nennt Anhang 57 ist der ersteren Möglichkeit günstig, stimmt aber wenig mit der von Polybius berichteten Unkenntnis des Volkes, kurz, vom Tode der Arsinoe wissen wir nur, dass er nach 209 und vor 204 eingetreten ist.

[15]) Auf Grund von Justin XXX 2, 6 ‚sed mors eius ... diu occultata fuit' hat Stark, Gaza 399 die Vermutung ausgesprochen, Philopator's Tod sei ein Jahr lang verheimlicht, und von Gutschmid (in Sharpe's Geschichte Aegyptens I 242[3]) stimmt der Ansicht bei. Bei Polybius, dessen Text freilich nicht intact ist, steht nichts dergleichen, Justin aber scheint mir gerade in dieser Partie, wo sein Streben klar zu tage liegt, Skandalgeschichten zu erzählen und zu schwärzen, da es ihm immer doch nicht schwarz genug war, wenig Glauben für ein einzelnes Wort zu verdienen.

[16]) Ptolemäus Epiphanes geboren: Justin XXX 2, 6 nec quisquam in regno suo minus, quam rex ipse poterat (Philopator), cum interim relicto quinquenni ex Eurydice sorore filio moritur; Hieronymus in Daniel 11 Ptolomaeo Philopatore mortuo adversus filium eius, qui tunc quattuor annorum erat; Inschrift von Rosette z. 46 καὶ ἐπειδὴ τὴν τριακάδα τοῦ Μεσορὴ, ἐν ᾗ τὰ γενέθλια τοῦ βασιλέως ἄγεται.

[17]) Ueber die Mitherrschaft des Epiphanes s. S. 30. Das Datum ist nur im hieroglyphischen Text der Rosettainschrift erhalten und von Revillout (rev. ég. III 2) mit Recht statt des verbreiteten Mechir 17 eingesetzt. z. 46 τὴν τοῦ Παῶφι ἑπτακαιδεκάτην] ἐν ᾗ παρέλαβεν τὴν βασιλείαν παρὰ τοῦ πατρός. Wenn diese Worte sich nicht auf die Krönung anlässig des Beginns der Mittherrschaft, sondern auf die Uebernahme der Regierung nach dem Tode des Vaters

beziehen sollten (Polyb. XV 25, 5 μετὰ δὲ ταῦτα διάδημα τῷ παιδὶ περιθέντες ἀνέδειξαν βασιλέα οἱ ψευδεπίτροποι), was sehr wohl möglich ist, so hat Philopator von seinem 18. Jahre höchstens 1½ Monat regiert und Epiphanes ist am 28. XI. 205 zur Alleinherrschaft gekommen. Die Krönung in Memphis fand am 27. März 196 nach dem Dekrete von Rosette statt. z. 4 und z. 6 ἔτους ἐνάτου . . . . μεχεὶρ ὀκτωκαιδεκάτῃ. S. S. 127.

[18]) Kleopatra I von Syrien. Appian, Syr. 5: καὶ Πτολεμαίῳ μὲν εἰς Αἴγυπτον ἔστελλε Κλεοπάτραν τὴν Σύραν ἐπίκλησιν (Ἀντίοχος); Hieronymus in Daniel 11 Antiochus filiam suam Cleopatram per Euclen Rhodium septimo anno adolescentis despondit Ptolemaeo et tertio decimo anno tradidit, vergl. Polyb. XXVIII 20, 9; Josephus ant. Jud. XII 154. Es ist die Frage, ob die von Hieronymus angegebenen Jahre das Lebensalter oder die Regierungszeit des Epiphanes bezeichnen. Clinton, fasti hellen. III 385, Mommsen, röm. Geschichte I 702 Anm. entscheiden sich für das letztere. Nach dem Chronikon paschale 334, 18 ὑπ. Πορφυρίου καὶ Μαρκέλλου Ἀντίοχος, βασιλεὺς Συρίας, φιλωθεὶς Πτολεμαίῳ τῷ Ἐπιφανεῖ σπονδὰς πρὸς αὐτὸν ἐποιήσατο καὶ Κλεοπάτραν τὴν αὐτοῦ θυγατέρα ἐκδίδωσι τῷ Πτολεμαίῳ εἰς γυναῖκα) könnte man das Erstere für wahrscheinlicher halten. Denn da Purpureus und Marcellus 196 Consuln sind, so erhält man mit 13 Jahren das voraussichtliche Geburtsjahr des Epiphanes 209, und da im Frühjahr 196 Epiphanes feierlich in Memphis gekrönt und damit mündig wurde, so scheint die erstere Möglichkeit sehr wahrscheinlich. Allein in diesem Falle hätte Antiochus noch mit Epiphanes Krieg geführt, als er ihm schon Kleopatra verlobt hatte (198 Schlacht am Panion), und das ist unwahrscheinlich. Ebenso lässt Livius XXXIII 40 den Antiochus in der Zusammenkunft mit den Römern zu Lysimacheia 196 sagen: sibi cum Ptolemaeo et amicitiam esse et id agere se, ut brevi etiam adfinitas iungatur (Polyb. XVIII 51 κρίνειν γὰρ οὐ φιλίαν μόνον ἀλλὰ καὶ μετὰ τῆς φιλίας ἀναγκαιότητα συντίθεσθαι πρὸς αὐτὸν) und Appian, Syr. 5 behauptet, Antiochus habe die Tochter gesandt ἤδη τὸν πρὸς Ῥωμαίους πόλεμον ἐγνωκὼς ἀποκαλύπτειν, was sich nicht auf dem Jahre 196, wohl aber von 193/92 behaupten lässt. Somit wird der Clinton-Mommsen'sche Ansatz das Richtige treffen. Nissen, kritische Untersuchungen 162 nimmt von der Angabe des Hieronymus keine Notiz und setzt auf grund der eben angeführten Polybius-Stelle, „nach der die Verbindung noch nicht fest abgemacht war", die Verlobung in das Jahr 558 (196), die Vermählung in das Jahr 561 (193). Ich sehe nicht ein, warum man an dem 7. Jahr des Hieronymus zweifeln soll, wenn sich die andere überlieferte Zahl, die des Jahres 13, aus Livius (XXXV 13) als richtig erweisen lässt. Es wird die Verlobung eine der Friedensbedingungen nach der Schlacht am Panion gewesen sein.

Das Todesjahr der Kleopatra wird von Lepsius, Poole a. a. O. auf etwa 174, von Wilcken bei Pauli-Wissowa 2471 auf 173, von Droysen, de Lagidarum regno etc., kleine Schriften II 404, Anfang 172 gesetzt. Sicher ist die Königin nach Livius XLII 29 im Jahre 171 todt. Man erschliesst das Jahr 173, wenn ich recht sehe, aus Livius XLII 6, wo von einer römischen Gesandtschaft erzählt wird, die in diesem Jahre nach Alexandrien ging, ‚ad Ptolemaeum renovandae amicitiae causa' und man nach Polybius XXVIII 12, 8

Anmerkungen zur chronologischen Tabelle. 87

gelegentlich der Anakleterien, d. i. des Krönungsfestes, derartige Gesandtschaften zu schicken pflegte. Eine solche Gesandtschaft beweist aber höchstens, dass die Anakleterien Philometor's in diesem Jahre gefeiert wurden, nicht den Tod der Kleopatra.

[19]) Brugsch, ZägSpr. 1886 S. 27 teilt aus den offiziellen königlichen Titeln des Philometor den Ausdruck mit: ‚ein Zwillingsbruder des Apis, des lebenden wegen ihrer Wiege‘ und meint, das könne nichts anderes heissen, als dass der König in demselben Jahre, vielleicht sogar an demselben Tage und Monat geboren ward wie der Apis. Ich glaube mit Recht. Der Apis, der in Frage kommen kann, s. S. 157, ist im Jahre 19 Choiak 13 = 186, 19. I. geboren. Auf dasselbe Jahr kommt man aber auch anderweitig und das ist wichtig, da der Priester Phraseologie im allgemeinen nicht über den Weg zu trauen ist. Philometor nämlich ist mit seiner Schwester Kleopatra schon im Jahre 172 verheiratet nach der berliner Inschrift: Anhang 93. Andererseits bedroht Antiochus Epiphanes im Jahre 171 Aegypten ‚die Jugend des Königs und die Unthätigkeit seiner Vormünder verachtend‘ (Livius XLII 29). Hält man an den Worten des Livius fest, so wird man der Vormünder halber kaum höher als das Jahr 187/86 hinaufgehen können, — Droysen, kleine Schriften II 407, freilich verwirft die Vormundschaft für 172 schon — andererseits wird man dem Philometor bei seiner Heirat 172 nicht gern weniger als 14—15 Jahre geben. Ueber Kleopatra's Geburtsjahr wissen wir nichts. Wer sie mit 13 Jahren für zu jung zur Hochzeit hält, kann sie zum ältesten Kinde der Epiphane, zur älteren Schwester des Philometor machen.

[20]) Euergetes rechnet seine Jahre nach Ausweis der Papyrus von 170/69 und ist in Alexandrien zum König ausgerufen, als Antiochus Epiphanes den Philometor gefangen genommen hatte: Polyb. XXIX 23, 4 ἤδη γὰρ συνέβαινε τότε τὸν νεώτερον Πτολεμαῖον ὑπὸ τῶν ὄχλων ἀναδεδεῖχθαι βασιλέα διὰ τὴν περίστασιν, τὸν δὲ πρεσβύτερον ἐκ τῆς Μέμφεως καταπεπορεῦσθαι καὶ συμβασιλεύειν τἀδελφῷ. Am 1. Nov. 171 ist Philometor noch frei nach Pap. dem. Louvre rev. ég. I 93 ‚Im Jahre 11 Thoth 28‘. Der Zug des Antiochus fällt somit frühestens Ende 171 und wahrscheinlich des Nilwassers wegen in das Frühjahr 170. Ob Philometor bei dem ersten Abzuge des Antiochus (aer. seleuk. 143 = 170, I Makk. 1, 21) — vielleicht als Sammtherrscher — in Memphis zurückgelassen ist, oder ob erst die Erhebung des Euergetes im Laufe des Jahres 170/69 den Antiochus zu diesem Schritt bewogen hat, ist nicht sicher.

[21]) Ueber die Sammtregierung der drei Geschwister s. S. 35. Die letzten Daten, die wir bis jetzt haben, sind ‚vom Jahre 6, Mesori 24 und vom Jahre 7, Thoth 20‘ = 164. 23. X., Pap. griech. par. 63 [I u. 3].

[22]) Die Vertreibung des Philometor berichtet Livius (Epitome 46): Ptolemaeus Aegypti rex, pulsus regno a minore fratre missis ad eum legatis in regnum restitutus est vergl. Valerius Maximus V 1, 1. Der Termin der Rückkehr oder seiner Wiedereinsetzung ist nach einer wahrscheinlichen Vermutung de Presle's in der Akademieausgabe der pariser griechischen Papyrus (zu Pap. 63) durch einen Gnadenerlass des Philometor für alle Verbrechen bis zum 19. Epiphi gegeben. Der Pap. griech. par. 63 [IV] ist vom Jahre 18, Peritios 4, Mesori 25 = 22. IX. 163; der 19. Epiphi entspricht demnach dem 17. August.

²³) Das letzte volle Jahr des Philometor ist 147/46, doch scheint er noch einen grossen Teil von 146/45 regiert zu haben. Pap. dem. tur. bei A. Peyron, Pap. graec. 142, nach dem das Datum der Tabelle gegeben, ist vom ‚Jahre 36, Pharmuthi 18'. Die letzte griechische Registernote, die ich kenne, ist vom ‚Jahre 36, Tybi 5 = 145 Jan. 31 s. A. Peyron a. a. O. 151. — Ueber Eupator s. S. 37, 180. Wenn derselbe im Jahre 145 Sammtherrscher auf Cypern ist, so wird er damals mindestens 18 Jahre gehabt haben. Einige Wochen hat er sicher nach dem Tode des Vaters regiert, wie auch Justin XXXVIII 8, 3 andeutet: Laetus igitur hoc solo Ptolomeus (Euergetes) quod sine certamine fraternum regnum recepisset, in quod subornari et a matre Cleopatra et favore principum fratris filium cognoverat.... Die Schauergeschichte, die nun folgt, gehört, abgesehen von der Thatsache des gewaltsamen Todes, wohl wieder der Phantasie des Justinus an.

²⁴) Die Reihenfolge der Kinder des Philometor ist nicht überliefert. Wahrscheinlich war Kleopatra III die jüngste. Ueber Kleopatra Thea s. Babelon, les rois de Syrie; Wilcken bei Pauli-Wissowa s. v. Alexander I Balas und Antiochus VII. Das erstgeborene Kind muss spätestens 162 geboren sein nach Pap. griech. par. 39, der aus dem Jahre 12 des Klausners = 21 des Philometor stammt: ὑμῖν δὲ γένοιτο κρατεῖν πάσης ἧς ἂν αἱρῆσθε χώρας καὶ [ἥδεσθαι] ἐ[πὶ] τοῖς ὑμετέροις τέκνοις; wenn Pap. griech. par. 26 von de Presle richtig dem Jahre 19 oder 20 zugewiesen wird, so verschiebt sich der Mindesttermin auf 164 od. 63.

²⁵) In die Tabelle sind nur die relativ sicheren Wechsel der Regierung des Euergetes und seiner zwei Frauen aufgenommen. Für die übrigen, die möglicherweise stattgehabt haben s. S. 39 f. u. 49, woselbst die hier nur aufgezählten Actpräscripte ausgeschrieben sind.

Die erste sichere Nachricht von der Sammtregierung des Euergetes und beider Kleopatren bietet der Pap. dem. berl. 113b vom 6. Mai 141. Aus der Zeit vorher giebt es eine Apisstele ‚vom Jahre 142 18. II. des Königs Ptolemäus und seiner Frau Kleopatra' und eine Nachricht im Baubericht des Edfutempels ‚vom Jahre 142 September 11 des (verstorbenen) Königs Ptolemäus Euergetes und seiner Gemahlin, der Regentin Kleopatra'. Es fragt sich, wer hier unter der ‚Frau' zu verstehen ist. In den späteren Papyrus, die uns Kunde über die Sammtregierung beider Kleopatren geben, heisst Kleopatra II stets ‚die Königin Kleopatra seine Schwester', zum Unterschiede von ihrer Tochter, ‚der Königin Kleopatra seiner Frau'. Danach müsste in den beiden ebengenannten Urkunden aus dem Jahre 142 die jüngere Kleopatra gemeint sein, und wir müssten zwischen 144—142 die Hochzeit des Euergetes mit seiner Nichte ansetzen. Allein die graphische Bezeichnung für Frau und Schwester ist, soviel ich weiss, im Demotischen fast gleich und so ist ein Schluss aus der Bezeichnung unmöglich. Selbst wenn aber hier wirklich ‚Frau' zu lesen ist, so geben die beiden Stellen uns keine Sicherheit, da es sehr wohl möglich und sogar wahrscheinlich ist, dass Kleopatra II, so lange ihre Tochter nicht in betracht kam und sie nicht von ihr unterschieden werden musste, einfach als Frau bezeichnet ist oder als Königin.

Unter den Chronologen gilt es als ausgemacht, dass die Heirat der Kleo patra III gleich auf die Geburt des Memphites erfolgt sei; so Letronne I 54, Lepsius, Abh. berl. Ak. 1852 S. 469. Als Begründung wird das Alter ihrer Kinder gegeben bei deren Regierungsantritt und Verheiratung, das seinerseits wieder, trotzdem es nur mit sehr subtilen Schlüssen bestimmt worden ist, mit festen Zahlen bezeichnet wird. Man hätte zum mindesten, um Andere nicht irrezuleiten, diese Jahreszahlen mit Fragezeichen versehen sollen. Im allgemeinen ist die Bestimmung der Hochzeit ja ziemlich gleichgiltig. Bei Euergetes aber hat die festbehauptete Datierung seiner Heirat mit Kleopatra III auf das Jahr 145 schon dahin geführt, dass sein Charakterbild mit noch hässlicheren Farben gemalt wird und — was wichtiger ist — Lepsius hat sich bereits der Datierung zur Stütze seiner Ansicht über das Erbrecht der Töchter bedient.

Als feste Punkte für diese ganze Zeit haben wir 1. die Heirat der Tryphäna im Jahre 123, 2. die Mannbarkeit sämmtlicher Kinder der Kleopatra III im Jahre 116, denn in diesem Jahre ward Soter gezwungen, seine Frau zu verstossen und die jüngere Schwester Selene zu heiraten und andererseits hinterliess Euergetes ‚der Kleopatra und einem der Söhne' sein Reich (allerdings durch Alexander's Jahreszählung, die im Jahre 114 beginnt, könnte man auf den Gedanken kommen, dass er erst in diesem Jahre grossjährig geworden sei), 3. die Grossjährigkeit des Alexanders II, des Enkels der Kleopatra III im Sommer 80, denn ein Kind werden die Römer nicht senden, die Alexandriner nicht zum König fordern, 4. die Thatsache, dass eine Enkelin der Kleopatra III, Berenike, Soter's Tochter, im Jahre 99 Mitte October verheiratet war, 5. das Jahr 141 Mai, in dem nach Ausweis der Actpräscripte Kleopatra III sicher die Frau des Euergetes ist.

Mit diesen Thatsachen lassen sich nun wohl Annäherungszahlen berechnen, aber keine festen Jahre bestimmen. Epiphanes war etwa $13^{1}/_{2}$ Jahre alt, als er für grossjährig erklärt wurde, Philometor etwa 14 Jahre. Damit werden wir die Mindestgrenze erreicht haben, aber wie will man entscheiden, wie weit von ihr sich die Zahl der Lebensjahre des Soter oder Alexander entfernt, als sie zur Regierung kamen und wie alt ihre Mutter gewesen ist oder andere Prinzessinnen, als sie verheiratet wurden? Unter Umständen wurde die Vormundschaft auch einmal länger ausgedehnt. So war Cäsarion, der König der Könige, schon $16^{1}/_{4}$ Jahre alt, als er grossjährig erklärt wurde und diese Erklärung, die ihm das Leben kostete, verdankte er nur der für seine Mutter unglücklichen Schlacht bei Actium s. Dio LI 6.

Ich habe die festen Punkte für die ganze nächste Zeit hier zusammengestellt, um nicht bei jeder Lebensangabe auf die Unsicherheit hinweisen zu müssen.

Für die Hochzeit der jüngeren Kleopatra mit Euergetes und die Geburt des Soter giebt es aber noch ein Zeugnis, das, wenn es als vollwichtig anerkannt wird, hier wenigstens eine sichere Bestimmung zulässt. Soter heisst in einzelnen Inschriften (z. B. Dümichen, Tempelinschriften 104 z. 1 f.) ‚ausgezeichnet durch die Geburt mit der des lebenden Apis'. Brugsch, Zäg Spr. 1886, der dieses Zeugnis an's Licht gezogen hat, meint, damit sei gesagt, dass das Geburtsjahr, vielleicht auch Monat und Tag des Königs und des heiligen Stieres gleich sei, also der 18. II. 142. Ich habe oben bei Philometor (No. 19) schon eine ähnliche, jedoch bestimmter gehaltene Gleichung aus der Titulatur des Königs citiert und daselbst den Schluss anerkannt. Hier habe ich den Zahlen Fragezeichen zugefügt, einmal weil der Ausdruck unbestimmter als der andere und vielleicht nur Phrase ist, dann weil ich nicht den vielen Regierungswechseln, die durch das zeitweilige Uebergewicht der einen oder anderen Kleopatra beim König veranlasst wurden, noch einen neuen auf grund eines solchen Zeugnisses hinzufügen möchte. Denn wenn schon im Jahre 143 die Hochzeit des Euergetes mit der Kleopatra III geschlossen war, wird man nicht anstehen, die zu Anfang dieser Anmerkung genannten Inschriften auf die junge Königin zu beziehen, und damit wird für die Jahre 143—141 eine Entsetzung der älteren Kleopatra aus ihrer Machtstellung festgestellt. Oder sollte man annehmen dürfen, dass die Inschriften sich trotz der Hochzeit auf Kleopatra II beziehen und die junge Königin erst später Anteil an der Regierung erhalten hat?

[26]) Pap. dem. Louvre vom Jahre 40, Paophi = 131 Oct./Nov. Pap. dem. berl. vom Jahre 37, Mesori 21 = 133 Sept. 11 s. S. 39 ff.

[27]) Memphites wird als Sohn der Kleopatra II bezeugt durch Diodor, Fragm. XXXIV, XXXV 14 Dindorf. Er ist geboren während des Krönungsfestes: Diodor XXXIII 13 ὅτι Πτολεμαίου κατὰ τὴν Μέμφιν ἐνθρονιζομένου τοῖς βασιλείοις κατὰ τοὺς Αἰγυπτίων νόμους παῖς ἐγένετο ἐκ τῆς Κλεοπάτρας τῷ βασιλεῖ. Wann dieses Krönungsfest stattgehabt hat, ist nicht überliefert, doch ist die Annahme, es sei ein Jahr nach der Thronbesteigung erfolgt, nicht unwahrscheinlich.

[28]) Pap. dem. Louvre vom Jahre 46, Tybi 10 = 124. 30. I. 2 Papp. dem. berl. vom Jahre 46, Payni 20 = 124. 9. VII. s. S. 40 ff.

[29]) Kleopatra III wird in den mir bekannten Papyrus zuletzt erwähnt Pap. dem. berl. 102 vom Jahre 51, Payni 10 = 119. 29. VII; der Pap. dem. berl. 101b vom Jahre 52, Pachon 3 = 118. 22. V nennt sie nicht mehr. Lepsius jedoch (Abh. berl. Ak. 1852 S. 470) kennt Urkunden aus dem Jahre 118, in denen beide Kleopatren genannt sein sollen, nennt sie aber nicht. In diesem Falle müsste man für den zweiten Papyrus einen Fehler des ägyptischen Schreibers oder des französischen Gelehrten annehmen. Unter den gelegentlich genannten Papyrus, bei denen das Actpräscript aber nicht ausgeschrieben ist, befinden sich mehrere mit hohen Jahreszahlen. Ich gebe hier diejenigen, die ich mir gemerkt habe; vielleicht wird der eine oder andere einmal auf das Präscript hin nachgesehen und so die Frage, ob und wann Kleopatra II und ihr Sohn bei dem Kampfe um das Erbe von der Rivalin Kleopatra III aus dem Wege geräumt sind, der Lösung nähergeführt.

Pap. dem. turin. vom Jahre 52, Payni 30, rev. ég. II 72, Eid des Imuth.
Pap. dem. turin. vom Jahre 53, Thoth 15, A. Peyron, Pap. graec. taur. 152.
Pap. dem. turin. vom Jahre 53, Epiphi 19, rev. ég. II 72, IV 140, Eid des Amenhotep.
Pap. dem. berl. vom Jahre 54, Thoth 19, chrest. dém. Einl. 26.

[30]) Ueber Neos Philopator s. S. 47, 177.

[31]) Der Todestag des Euergetes ist durch die Bauurkunde des Edfutempels auf den 11. Payni des Jahres 54 bestimmt. S. S. 50[1].

[32]) Die Reihenfolge der **Kinder der Kleopatra III** ist nicht bekannt. Ueber **Tryphäna** s. Justin IXL 2, 3 und das Genauere bei Wilcken, Pauli-Wissowa 2482 und A. Kuhn, Beiträge zur Geschichte der Seleukiden, Gymnasialprogr. zu Altkirch 1891 S. 22. Die Königin trägt, soweit ich sehe, nicht den Namen Kleopatra. — Ueber **Kleopatra, die erste Frau des Soter II,** berichtet Justin IXL 3, 2 cui (Soteri) priusquam regnum daret (Kleopatra III) uxorem adimit compulsumque repudiare carissimam sibi sororem Cleopatram minorem sororem Selenen uxorem ducere iubet. Ihre Heirat mit Antiochus Kyzikenus und ihre Ermordung durch die Schwester Tryphäna ebenda. — **Selene's** Hochzeit mit ihrem Bruder Soter wird von Justin in den eben citierten Worten erzählt; ihre Trennung: Justin IXL 4, 1 at in Aegypto Cleopatra cum gravaretur socio regni, filio Ptolomeo, populum in eum incitat, abductaque ei Selene uxore eo indignius, quod ex Selene iam duos filios habebat. Ihre zweite Heirat mit Antiochus Grypus fällt vor 102/01, da in diesem Jahre Kleopatra III ihre Macht verliert und diese es ist, die dem Seleukiden ihre Tochter zusammen mit grossen Hilfsmitteln schickt, s. Justin IXL 4, 4; der Bruderkrieg zwischen Antiochus Kyzikenus und Antiochus Grypus hat spätestens im Jahre 104 wieder begonnen (Wilcken bei Pauli-Wissowa s. v. Antiochus 31, 32), die Hochzeit mag also in dieses Jahr fallen. Die beiden weiteren Heiraten der Selene berichtet Appian, Syr. 69. Sie starb nach dem Jahre 69: Strabo XVI 749 *Σελεύκεια φρούριον τῆς Μεσοποταμίας — ἐν ᾧ τὴν Σελήνην ἐπικληθεῖσαν Κλεοπάτραν Τιγράνης ἀνεῖλε καθείρξας χρόνον τινά, ἡνίκα τῆς Συρίας ἐξέπεσεν.* Tigranes hatte im Jahre 70—69 Ptolemais genommen, war aber darauf schleunigst gegen den Tigranokerta belagernden Lucullus gezogen; bei dieser Einnahme von Ptolemais scheint Selene gefangen zu sein. Der Text des Josephus, der die Gefangennahme auch erzählt, ist an dieser Stelle verderbt (XIII 420).

[33]) Justin XXXVIII 8, 11—13: Post discessum deinde legatorum (der Römer) iam etiam peregrino populo invisus **cum filio, quem ex sorore susceperat et cum uxore matris paelice** metu insidiarum tacitus in exilium proficiscitur contractoque mercenario exercitu bellum sorori pariter ac patriae infert. **Arcessitum deinde maximum a Cyrenis filium,** ne eum Alexandrini contra se regem crearent, interficit. Tunc populus statuas eius et imagines detrahit. Quod factum studio sororis existimans filium quem ex ea susceperat, interficit (Euergetes II). Vielleicht ist an Stelle des Städtenamens, der einen merkwürdigen Platz innehat, der Muttername zu setzen und man hat zu lesen: maximum ex Eirene filium. Ueber Eirene vergl. Josephus (c. Ap. II 55) concubina vero sua carissima quam alii quidem Ithacam, alii vero Hirenen denominant; Diodor XXXIII 13 *προσέταξεν* (Euergetes) *ἀποκτεῖναι τῶν Κυρηναίων τοὺς συγκαταγαγόντας μὲν αὐτὸν εἰς τὴν Αἴγυπτον, ἐγκαλουμένους δ' ἐπί τισι δικαίαις παρρησίαις διὰ τὴν παλλακὴν Εἰρήνην.* In dem Stammbaum habe ich diesen ungenannten Prinzen zum älteren Bruder des Apion gemacht; Beweise dafür habe ich nicht. — Apion's Name wird überliefert durch Livius, epitom. 70: Ptolemaeus Cyrenarum rex cui cognomentum Apioni fuit und Appian, bell. civ. I 111, Mithrad. 121; seine Abstammung von Euergetes bezeugt Justin IXL 5, 2 dum haec aguntur frater eius (Soter's) ex paelice susceptus, cui pater Cyrenarum regnum testamento reliquerat, herede po-

pulo Romano instituto decedit. Nach Eusebius-Hieronymus II 133 ist der Tod Ol. 171 = 96—93 erfolgt, nach Cassiodor und Obsequens im Jahre 96. Ueber sein Bastardtum s. S. 102 Anm.

[34]) Die Alleinherrschaft der Kleopatra III lässt sich durch Stellen des Poseidonius, Eusebius, Justinus beweisen, s. S. 43¹, 50. Der Anfangstermin wird durch den Todestag des Euergetes gegeben; die äusserste Grenze bezeichnet die Inschrift von Assuan s. Anhang 140.

[35]) Ueber die Sammtregierung Kleopatra's und Soter's s. S. 51. Das Ende derselben bestimmt durch Porphyrius bei Eusebius I 164: ἐπεὶ δὲ κατὰ τὸ δέκατον ἔτος τῆς ἀρχῆς τοὺς φίλους τῶν γονέων ἀπέσφαξεν (Σωτήρ) ὑπὸ τῆς μητρὸς διὰ τὴν ὠμότητα τῆς ἀρχῆς καθηρέθη καὶ εἰς Κύπρον ἐφυγαδεύθη. Da Soter's Regierungszeit fingiert vom Tode seines Vaters gerechnet wird, — vergl. den Kanon und die Bauinschrift des Edfutempels (Zäg Spr. 1871) ‚im Jahre 54 dieses Königs im Monat Payni am 11. Tage .... da starb der König und sein ältester Sohn folgte ihm auf seinem Throne' —, so beginnt das 10. Jahr im Herbst 108.

Letronne hat (recueil I 60) diese Sammtregierung von nominell 10 Jahren genauer zu gliedern versucht, und zwar:

im Jahre 6 = 112/11: Beseitigung der Macht der Kleopatra; der Name der Selene erscheint in den Acten; nach Pap. Louvre 53.

zwischen 6—9 = 112/11—109/08: Wiedereinsetzung der Kleopatra, Beseitigung der Selene.

im Jahre 10 (9?) = 108/07: Erneute Verdrängung der Mutter, auf grund von Josephus, ant. Jud. XIII 10, 2. οὓς (ἄνδρας εἰς ἑξακισχιλίους) ἀκούσης τῆς μητρὸς ἐκεῖνος (Soter) καὶ ὅσον οὔπω τῆς ἀρχῆς αὐτὸν ἐκβεβληκυίας ἐξαπέστειλε.

Bald darauf: Gänzliche Beseitigung des Einflusses der Mutter auf grund der Poseidoniusstelle bei Strabo II 99 οὐκέτι τῆς Κλεοπάτρας ἡγουμένης ἀλλὰ τοῦ παιδός.

im Jahre 10 = 108/07: Vertreibung des Soter.

Seit Letronne's Zeit hat sich das datierte Urkundenmaterial vermehrt, nach dem heute die Sammtregierung von Mutter und Sohn zu folgenden Zeiten als gesichert erscheint:

115 III.—IX. Nach der Assuan-Inschrift.
114 14. V. Pap. griech. britt. Mus. 621, Grenfell, greek Pap. 25.
114 20. X. Pap. dem. berl. 103, nouv. chrest. dém. 121.
113 25. VII. Pap. griech. par. V. 129.
111 5. IV. 2 Papp. dem. Bulak, chrest. dém. 401.
109 27. II. Pap. griech. britt. Mus. 623, Grenfell, greek Pap. 27.
108 6. (14.) II. Pap. dem. Vat. } rev. ég. III 25.
               Pap. dem. New York 375

Die urkundlichen Daten liegen, wie man sieht, mehr in der ersten Hälfte der 10 Jahre und lassen sich zur Not mit Letronne's Aufstellung vereinen. Ich halte dieselbe trotzdem für verfehlt und habe sie darum in der Tabelle weggelassen. Das einzige urkundliche Zeugnis, das Letronne beibringt, ist in der von ihm vorbereiteten, von de Presle besorgten Akademieausgabe nicht

Anmerkungen zur chronologischen Tabelle. 93

zu finden. Der Josephus-Satz beweist eine Machtverminderung der Kleopatra, die man auch aus Porphyrius' Erzählung, Soter habe im 10. Regierungsjahre die φίλοι seiner Eltern, d. h. den Kronrat, morden lassen, schliessen konnte. Die Stelle des Poseidonius beweist nichts, da nicht gesagt ist, wer unter dem παῖς gemeint ist. Im Herbste 116 oder im Anfang Frühjahr 115 ist Eudoxus, um den es sich hier handelt, zur Umschiffung Afrikas ausgefahren, wenn auf Poseidonius' Worte Verlass ist. Wie lange die Reise gedauert hat, ist völlig unbekannt. Letronne versteht unter dem παῖς Soter, knüpft die Stelle an die Josephusstelle an und erhält so eine etwa 8jährige Reise. Mit demselben Rechte aber kann man sie bis zum Jahre 102/01 dauern lassen und unter dem παῖς Alexander verstehen. Die 8jährige Reise ist so wahrscheinlich oder unwahrscheinlich wie die 14jährige. Von einer Alleinherrschaft Alexander's aber wissen wir etwas, von einer solchen Soter's nichts. Ich möchte darum diese Palastrevolution streichen und den Zeitraum von 116—108/07 nicht weiter teilen.

[36]) Kleopatra III ist vermutlich im Jahre 101 von ihrem Sohne Alexander getötet worden, s. S. 57. Nach Justin IXL 4, 3 hat eine Unterbrechung der Sammtregierung stattgefunden: „igitur Alexander perterritus hac matris crudelitate et ipse eam relinquit periculoso regno securam ac tutam vitam anteponens. Cleopatra vero timens ne maior filius Ptolomeus a Cyziceno ad recuperandam Aegyptum auxiliis iuvaretur, ingentia Grypo auxilia et Selenen uxorem, nupturam hosti prioris mariti mittit Alexandrumque filium per legatos in regnum revocat; cui cum occultis insidiis exitium machinaretur occupata ab eodem interficitur." Bei Justin's compilatorischer Arbeitsweise ist nicht auszumachen, ob der Inhalt des letzten Relativsatzes sich eng an das Vorherige anschliesst, oder ob Jahre dazwischen liegen. Die gleichzeitigen Quellen sprechen aber überhaupt gegen eine Unterbrechung. Wir haben Münzen aus den Jahren $\frac{11}{8}$, $\frac{12}{9}$, $\frac{13}{10}$, $\frac{16}{13}$ der Sammtregierung und Papyrus und Apisstelen aus derselben Zeit, von denen der leichteren Uebersicht halber hier eine Tabelle folgen mag. Die Apisstelen sind als minderwertig cursiv gedruckt.

105 14. II. = $\frac{12}{9}$, Tybi 29. Pap. griech. leid. N.

— 13. IX. = $\frac{12}{9}$, Mesori 30. Pap. griech. britt. Mus. 625, Grenfell, greek Pap. 29.

104 *5. II.*

103 *6. II.*

— 16. III. = $\frac{14}{11}$, Mechir 30. Pap. dem. berl. 104, nouv. chrest. dém. 21.

— 23. III. (2. IV.) = $\frac{14}{11}$, Phamenoth 1 (7). Pap. dem. berl. 105, nouv. chrest. dém. 20.

— 29. VI. = $\frac{14}{11}$, Payni 15. Pap. griech. britt. Mus. 626, Grenfell, greek Pap. 30.

103 15. X.   = $\frac{15}{12}$, Thoth 28. Pap. dem. Louvre 2436ᵇ, chrest. dém. 110.

102 18. *III.*

— 17. *IV.* = $\frac{15}{12}$, Pharmuthi 2. Pap. griech. britt. Mus. 628, Grenfell, greek Pap. 32.

— 27. *IV.*

— 14. *VI.* = $\frac{15}{12}$, Pachon 30. Pap. dem. leid. I 377, Pap. graec. leid. 89.

—   7. *VII.* = $\frac{15}{12}$, Payni 23. ? ?, rev. ég. IV 143.

—   2. *IX.*

—   *IX./X.* = $\frac{16}{13}$, Thoth, Pap. dem. Louvre 2436ᵃ, chrest. dém. 110.

—   ? = $\frac{16}{13}$, ?, Pap. griech. britt. Mus. 630, Grenfell, greek Pap. 34.

Der Bruderkrieg im Seleukidenhause, in den Kleopatra III durch Sendung ihrer Tochter Selene eingriff, hat spätestens im Jahre 104 seinen erneuten Anfang genommen. Wie ein Blick in die urkundlichen Zeugnisse lehrt, ist es möglich, dass in diesem Jahre, von dem wir nur ein Doppeldatum aus dem Februar haben (Apisstele), und das ich oben (No. 32) als passend für die Hochzeit der Selene bezeichnete, eine Flucht und Rückkehr des Alexander stattgehabt hat, wahrscheinlich ist es nicht. Wahrscheinlich ist, dass die Flucht am Ende der gemeinsamen Regierung stattfand und mit der Rückkehr und der Ermordung der Kleopatra endete im Frühjahr 101. So hat sich schon Sharpe dies Ereignis gedacht, nur dass er es in das Jahr 90/89 verlegt, und von Gutschmid hat die Meinung zu stützen gesucht (bei Sharpe II 9) durch die Strabo-Stelle XVII 794 ἐσύλησεν δ' αὐτὴν (πύελον) ὁ Κόκκης καὶ Παρείσακτος ἐπικληθεὶς Πτολεμαῖος ἐκ τῆς Συρίας ἐπελθὼν καὶ ἐκπεσὼν εὐθύς. Sharpe's Datierung steht im Widerspruch zu Justin, der die zweite Hochzeit Selene's und die Rückberufung Alexander's in einem Athem erzählt. Sie stimmt auch nicht zu der Begründung, die Justin für Alexander's Flucht beibringt, doch ist auf letzteres nicht eben viel zu geben. Die Heranziehung der Strabo-Stelle schafft nur grössere Verwirrung. Wenn Kleopatra im Jahre 101 starb, was ich als sicher annehme (s. S. 57 f.), dann lassen sich die Worte des Justin und Strabo nicht zusammenbringen und die Geschichte von dem Sargraub mag am Ende der Regierung des Alexander sich ereignet haben, so wie von Gutschmid den Hergang sich vorstellt, obgleich die ganze Geschichte da recht schlecht passt. Wenn aber Pareisaktos ein Spitzname des Soter ist — und so konnte der junge König vom alexandrinischen Pöbel und Militär, das den Willen der Kokke gekreuzt und ihr den ältesten Sohn als Mitregenten gegen ihren Willen an ihre Seite auf den Thron gesetzt hatte, recht gut genannt werden — dann lässt sich an die Nachricht des Josephus erinnern, dass Soter einen vergeblichen Zug von Syrien gegen Aegypten unternommen hat, auf dem er sehr wohl auf kurze Zeit in Alexandrien eingedrungen sein kann: Josephus, ant. Jud. XIII 351 *Πτολεμαῖος δ' ἐκ τῆς Συρίας ἀπελθὼν ἐπὶ τὴν Αἴγυπτον ἔσπευσεν αἰφνιδίως αὐτὴν οἰόμενος κενὴν οὖσαν στρατιᾶς καθέξειν. ἀλλὰ διαμαρτάνει τῆς ἐλπίδος . . .* 352 *καὶ ὁ μὲν ἐκ τῆς Αἰγύπτου πάλιν ὑποστρέψας τὸν χειμῶνα διέτριψεν ἐν Γάζῃ.* Ich neige mich der letzteren Möglichkeit zu und habe demgemäss in der Tabelle für die Sammtregierung der Kleopatra III und Alexander's I keine Unterbrechung angemerkt, und in der Tabelle der Beinamen dem Soter statt seinem Bruder den Spitznamen *Παρείσακτος* beigeschrieben.

[37]) Alexander und Berenike-Kleopatra. Alexander rechnet seine Jahre von dem Antritt der Regentschaft auf Cypern nach Porphyrius bei Eusebius I 164 *συνανέλαβε γὰρ ἀπὸ τοῦ τετάρτου ἔτους τῆς τοῦ ἀδελφοῦ βασιλείας εἰς ἑαυτὸν τοὺς χρόνους, ἀφ' οὗ τῆς Κύπρου ἐβασίλευσε*, eine Angabe, die durch die Münzen und Papyrus bestätigt wird, wie die vorige Anmerkung zeigt. In dem 19. Jahre seiner wirklichen Regierung, dem 26. fictiven, wird er durch eine Militärrevolution vertrieben, s. Porphyrius a. a. O. *ὀκτωκαίδεκα τοὺς πάντας ἀντιλαβόμενος τῶν σκήπτρων ἐνιαυτοὺς ἀφ' οὗ κατῆλθεν εἰς Ἀλεξάνδρειαν . . . . τῷ δὲ ἐννέα καὶ δεκάτῳ τοῖς στρατεύσασιν ὀργισθεὶς ἐξῆλθε.* Die Flucht des Alexander hat vermutlich im Sommer 88 stattgehabt, sicher nach dem 1. Jan. 88, bis zu welchem Termin die Papyrus des Jahres 26 hinabreichen (Pap. dem. turin. vom Jahre 26, Choiak 20 bei Lepsius, Abh. berl. Ak. 1852 S. 462). Die Ansetzung auf den Sommer 88 beruht auf Appian (Mithrad. 23), dem man als Alexandriner immerhin genauere Kenntnisse zutrauen kann, wenn er auch bisweilen grobe Schnitzer macht. Mithradates fuhr, so berichtet er, nach dem kleinasiatischen Massenmord nach Kos *καὶ τὸν Ἀλεξάνδρου παῖδα, τοῦ βασιλεύοντος Αἰγύπτου σὺν χρήμασι πολλοῖς ὑπὸ τῆς μάμμης Κλεοπάτρας ἐν Κῷ καταλελειμμένον παραλαβὼν ἔτρεφε βασιλικῶς.* Die Ephesischen Mordbefehle sind im Jahre 88 erlassen, wahrscheinlich im Frühjahr, Appian, bell. civ. I 55: *ἐπειδὴ Μιθριδάτης ὁ τοῦ Πόντου καὶ ἄλλων ἐθνῶν βασιλεὺς ἐς Βιθυνίαν καὶ Φρυγίαν καὶ τὴν ὅμορον αὐταῖς Ἀσίαν ἐνέβαλεν — Σύλλας μὲν ὑπατεύων ἔλαχε στρατηγεῖν τῆς Ἀσίας καὶ τοῦδε τοῦ Μιθριδατείου πολέμου, καὶ ἦν ἔτι ἐν Ῥώμῃ,* vergl. Velleius Paterculus II 18. Zur Zeit der Gefangennahme also des Alexander II war Alexander I noch König in Aegypten. — Berenike-Kleopatra's Name tritt zuerst im Jahre 99 auf (Pap. griech. leid. G.-K.). Lepsius, Abh. berl. Ak. 1852 S. 459[1] schliesst daraufhin, sie sei erst in diesem Jahre oder kurz vorher Alexander's Frau geworden. Die Vermutung ist möglich und gewinnt an Wahrscheinlichkeit durch einen jüngst von Grenfell veröffentlichten Papyrus (Pap. britt. Mus. 632, Grenfell greek Pap. 36), in dem Alexander allein im Präscript genannt wird — leider ist das Datum zerstört. Doch ist zu bedenken, dass Soter's zweite Frau, Kleopatra-Selene, auch nicht in den Actpräscripten erscheint, solange Kleopatra III die Zügel der Regierung in den Händen hatte. Berenike war die einzige legitime Tochter Soter's: Pausan. I 9, 3 *Ἀθηναῖοι δὲ . . . . χαλκοῦν καὶ αὐτὸν (Σωτῆρα) καὶ Βερενίκην ἔθηκαν, ἣ μόνη γνησία οἱ τῶν παίδων ἦν.* Ob Berenike die Tochter der ersten Frau Soter's, wie Lepsius und Poole annehmen, oder der zweiten Frau Selene war, wie Champollion-Figeac II 244 wollte, ist nicht auszumachen. Selbst die cyprische Inschrift, Anhang 139, in der Berenike Tochter des Ptolemäus und

der Kleopatra, der Götter Philometoren, genannt wird, kann keine Entscheidung herbeiführen, da auch Selene später den dynastischen Namen ‚Kleopatra' trägt, s. S. 108. Fast 17 Jahre nach der Heirat des Soter und der Selene wird sie zum ersten Mal erwähnt. Alexander hatte von dieser Berenike zum mindesten eine Tochter (Porphyrius bei Eusebius I 166 καὶ φεύγειν ἠνάγκασαν (οἱ στρατεύσαντες) μετὰ γυναικὸς καὶ θυγατρὸς τῆς Λυκίας εἰς πόλιν Μύραν), von deren weiterem Lebenslauf wir nichts wissen. Wahrscheinlich aber gab es ausser ihr noch andere Töchter. Darauf führt das Proskynema in Philae: Letronne, recueil II 19 βασιλέω[ς Πτολεμαίου] τοῦ καὶ Ἀ[λεξάνδρου] τὸ προσ-[κύνημα] καὶ τῆ[ς βασιλίσσης] καὶ τῶ(?)[ν τέκνων] u. s. w., verbunden mit Appian, bell. civ. I 102 Σύλλας δὲ καὶ Ἀλέξανδρον τὸν Ἀλεξάνδρου ἐψηφίσατο βασιλεύειν Ἀλεξανδρέων, ἐρήμου τῆς [Ἀλεξανδρέων] ἀρχῆς ἀνδρὸς οὔσης καὶ τῶν γυναικῶν ὅσαι βασιλείου γένους [ἦσαν] ἀνδρὸς συγγενοῦς δεομένων. Mehr als wahrscheinlich lässt sich ihre Existenz aber nicht machen, da in dem Proskynema der abwesende Alexander II und die eine bekannte Tochter gemeint sein können, in der Stelle des Appian die Mutter Berenike Kleopatra und eben diese Tochter. Ich habe diese Kinder darum in dem Stammbaum nicht erwähnt.

[38]) Ueber die Sammtregierung Soter's und Kleopatra-Berenike's s. S. 63. In betreff ihrer Dauer besteht ein Widerspruch zwischen dem anerkannt sonst vorzüglichen Bericht des Porphyrius und einer inschriftlichen Urkunde — freilich einer Apisstele. Porphyrius bei Eusebius I 166 berichtet: πάλιν τοὺς ἓξ μῆνας τοὺς μετὰ τὸν θάνατον τοῦ πρεσβυτέρου οἳ συνεπλήρουν τὰ τριάκοντα ἓξ ἔτη μὴ ἀποδόντες Κλεοπάτρᾳ τῇ θυγατρὶ μὲν τοῦ πρεσβυτέρου, γυναικὶ δὲ τοῦ νεωτέρου ἥτις μετὰ τὸν θάνατον τοῦ πατρὸς ἀντελάβετο τῶν πραγμάτων. Danach hätte Soter nur 35½ Jahre regiert, eine Zahl, mit der die Eusebianischen Kanones stimmen, s. S. 59. Die Apisstele aber (Brugsch, ZägSpr. 1886 No. 51) ist ‚vom Jahre 37, Athyr 22, der Könige, der immerdar lebenden' = 2. XII. 81. Ich bin dies eine Mal der Apisstele gefolgt — vielleicht allzu vertrauensselig — in der Erwägung, dass man sonst annehmen muss, um dem Ptolemäischen Kanon gerecht zu werden, dass Berenike's und Alexander's II 19tägige Regierung gerade die letzten 19 Tage des Jahres 82/81 ausgefüllt hat. Es ist nemlich nicht abzusehen, warum Neos Dionysos eine Ausnahme von der Regel der Jahreszählung gemacht haben soll, wenn auch nur ein ganz kleiner Teil des Jahres 82/81 unter seine Regierung gefallen wäre. Reicht aber die Regierung der Berenike und des Alexander II in das Jahr 81/80, dann ist Porphyrius' Rechnung auf alle Fälle falsch und wir haben keinen Grund, das wenn auch minderwertige Zeugnis der Apisstele zu verwerfen. Im Texte des Porphyrius wird vermutlich οἱ συνεπλήρουν τὰ λξ ἔτη statt τὰ λς ἔτη gestanden haben. Ueber den Doppelnamen dieser Königin s. S. 56.

[39]) Berenike und Alexander II. Porphyrius a. a. O. 166 οὐδὲ γὰρ Ἀλεξάνδρῳ τῷ μετ' αὐτῆς ἄρξαντι ιθ' τὰς ιθ' ἡμέρας ἀποδιδόασιν. Merkwürdiger Weise hat der Chronist des Jahres 452 (Frick, chronica minora I 180) Kunde von dieser ephemeren Regierung bewahrt. Hinter ‚Ptholomeus Alexas annis XVIIII und Ptholomeus Soter annis XVIII' folgt nemlich: ‚Alexander frater Ptholomei dies XVIIII', vergl. Appian, bell. civ. I 102. Das Alter des Alexan-

der II lässt sich nach Appian a. a. O. und Josephus, ant. Jud. XIII 348f. berechnen. Dass er kein Kind mehr sein konnte bei seiner Berufung, versteht sich von selbst. Josephus a. a. O. erzählt, Kleopatra III ὁρῶσα τὸν υἱὸν αὐξανόμενον (Soter auf Cypern).... τὰ δὲ πολλὰ τοῦ πλούτου καὶ τοὺς υἱωνοὺς καὶ διαθήκας πέμψασα Κῴοις παρέθετο. Diese Uebersiedelung mag um das Jahr 103 stattgehabt haben, wie Letronne will, denn der Judenkönig Alexander Jannai ist 104 zur Regierung gekommen und die Kriege um Ptolemais spielen sich bald danach ab. Unter den υἱωνοί ist vor anderen Alexander II zu verstehen, wie Appian, Mithrad. 23 ausdrücklich angiebt. Wer die übrigen Enkel sind, ob es Kinder von Alexander I (s. No. 37) oder die von Justin genannten zwei Söhne des Soter und der Selene sind, ist nicht ersichtlich. Im Jahre 88 trifft Mithradates den jungen Alexander II auf Kos, nimmt ihn mit sich und erzieht ihn königlich (παραλαβὼν ἔτρεφε βασιλικῶς). Da gar kein Grund vorliegt, Appian hier zu misstrauen, so kann Alexander II nicht gut über 16—18 Jahre gewesen sein, ist also um 105 geboren. Bei seiner Sendung nach Alexandrien ist er dann etwa 25 Jahre alt. Letronne, recueil I 71 giebt bei Verwerfung des Appianischen Berichtes den Boden preis, auf dem sich bauen lässt.

⁴⁰) **Ptolemäus, König von Cypern**: Trogus, Prol. 39, 40 Ut post Lathyrum filius Alexandri regnarit, expulsoque eo suffectus sit Ptolomaeus Nothus — Ut Alexandriae post interitum Ptolomaei Lathyri substituti sint eius filii: alteri data Cypros, cui P. Clodii rogatione Romani abstulerunt eam, alter seditione exagitatus ... recepit imperium. Die Lex Clodia war im Jahre 58 eingebracht und Cato mit der Ausführung betraut. Cato verliess Rom etwa um die Mitte des Jahres. Bei seiner Ankunft auf Cypern tötet sich der König: Velleius Paterc. II 45, s. Fischer, röm. Zeittafeln zum J. 58. Die Münzen des Königs (Poole 118, Feuardent 115) reichen ohne Unterbrechung von 1—23, d. h. vom Jahre 81—58. Sein offizieller Beiname ist noch nicht bekannt.

⁴¹) Zur leichteren Controlle schicke ich die gleichzeitigen Zeugnisse für die Regierung des Neos Dionysos voraus:

Im J. 3, Pachon 12 = 78. 12. V ‚des Königs Ptolemäus und der Königin Kleopatra, zubenannt Tryphäna, der Götter Philopatoren Philadelphen'ᵃ).

76. 23. III Krönung des Königsᵇ).

Im J. 8, Mechir 20 = 73. 27. II ‚des Königs Ptolemäus und der Königin Kleopatra, zubenannt Tryphäna, der Götter Philopatoren Philadelphen'ᶜ).

Im J. 8, Pharmuthi 22 (24) = 73. 29. IV (1. V) ‚des Königs Ptolemäus, Sohnes des Ptolemäus, welches ist [.....] und der Königin Kleopatra, zubenannt Tryphäna, der Götter Philopatoren Philadelphen'ᵈ).

Im J. 9,   = 73/72, Neos Dionysos ohne Erwähnung der Königinᵉ).

Im J. 12, Mesori 3 = 69. 7. VIII, Ptolemäus, Frau und Kinderᶠ).

Im J. 13, Athyr 27 = 69. 4. XII ‚des Königs Ptolemäus Philopator'ᵍ).

Im J. 13, Mesori = 68. VIII ‚des Königs Ptolemäus, des Gottes Philopator Philadelphus'ʰ).

Im J. 17 = 65,64 des Königs Ptolemäus ohne Frau[i]).
Im J. 18 = 64/63 des Königs Ptolemäus ohne Frau[k]).
Im J. 19, Tybi 13 = 62. 18. I „des Königs des IX. Gottes, des neuen Osiris Ptolemäus[l]).
Im J. 19, Pachon 9 = 62. 14. V Proskynema für den König allein[m]).
Im J. 19, Pachon 26 = 62. 31. V des Königs Ptolemäus ohne Frau[n]).
Im J. 23, Pharmuthi 12 = 58. 16. IV Weihung für den König allein[o]).
J. 25 des Königs = J. 3 der Königin = 57/56[p]).
Im J. 30, Mechir 21 = 51. 22. II. Proskynema für Kallimachus[q]).
Die Münzen haben Daten von 1—4, 8—23 (ausg. 21), 27—30[r]).

[a]) Pap. dem. leid. 374, 374b, rev. ég. II 90. Nach Lepsius, Abh. berl. Ak. 1862 S. 476 ist dieser Papyrus vom 12. Tybi = 21. I. Ein anderer, von dem nur das Datum der Registernote erhalten ist, Pap. dem. lond. ist vom J. 3, Tybi 6 = 15. I.

[b]) Grabschrift des Paserenptah s. S. 164. Der Priester krönt den König in seinem (eigenen) 14. Lebensjahre, und da er im 25. Regierungsjahr des Alexander I am 21. Paophi = 90. 4. XI geboren ist, so ist sein 14. Jahr = 77/76. Das Krönungsfest fand an der Frühlingsgleiche statt, die damals auf den 23. März fiel; vergl. die Uebersetzung von Brugsch, Dictionnaire géogr. 654: Je fus dans la 14. année et moi j'ai mis l'ornement du serpent Uräus sur la tête du roi futur au jour, qu'il prit possession de la haute et de la basse Égypte et qu'il fit tout ce qu'il faut faire dans les salles consacrées à la panégyrie Hib-set. C'étais moi, qui présidais au dignitaires secrets à tous, c'étais moi, qui fis executer les prescrits de la consécration du divin [c. à. d. du roi] quand fut arrivé l'époque de la naissance du dieu [expression calendrique pour l'équinoxe du printemps] dans le Sérapéum Ha-Nub...... Et le roi de la haute et de la basse Égypte, le maître des deux mondes, le dieu Philopator-Philadelphos Nouveau-Dénys fut couronné comme roi dans son palais ..... Il fit mouiller l'ancre à la ville de Memphis. Il entra dans le temple de Qe avec ses grands, avec ses femmes et avec ses enfants.

[c]) Pap. dem. Louvre 3268, rev. ég. II 90, vielleicht = Pap. par. vom 29 Phamenoth = 7. IV bei Lepsius a. a. O. 476.

[d]) Grabstein des Priesters Anemho, zubenannt Pimin in Gize. Brugsch, thesaurus V Einl. 6, Text 890; Zäg Spr. 1886 S. 35 No. 52.

[e]) London. Stele bei Young Hierogl. 75, von Lepsius a. a. O. 477 nur erwähnt.

[f]) Anhang 151.

[g]) Pap. biling. (Archon Sauf), rev. ég. V 132[1], Brugsch, thesaurus V 897.

[h]) 2 Papp. dem. bibl. nat. par. 224, 225, rev. ég. II 90. Das Datum ist nur in der Registernote enthalten.

[i]) u. [k]) Pap. leid. und Pap. lond. Salt 418 erwähnt von Lepsius a. a. O. 477.

[l]) Bilingue Totenstele der Nofreho im britt. Mus. s. S.163, geschrieben erst zur Zeit des Augustus.

[m]) Anhang 152.

[n]) Pap. biling. Rhind., rev. ég. V 132[1], Brugsch, thesaurus V 900. Der Wortlaut des Präscriptes wird von Keinem angegeben.

Anmerkungen zur chronologischen Tabelle. 99

°) Anhang 154.
ᵖ) Pap. dem. Louvre, rev. ég. V 95.
ᑫ) Proskynema aus Philae CIGr. 4905 ohne Datum. Zuletzt herausgegeben mit dem Datum von Wescher, comptes rendues de l'académie des inscriptions 1871 S. 285.
ʳ) Poole, a. a. O. 115f.; Feuardent a. a. O. 109f.
Das Geburtsjahr des Neos Dionysos bestimmt sich aus der Thatsache, dass der König im Mai 78 verheiratet war (s. gleichz. Zeugn. a.) und aus Cicero's Worten (de rege Alexandrino = voraussichtlich Alexander II): cum ille rex sit interfectus, hunc puerum in Syria fuisse. Puer ist die Bezeichnung für Knaben bis zum 15. Jahre einschliesslich (s. Varro bei Censorinus, de die natali XIV 2). Freilich ist die Möglichkeit zu erwägen, dass es sich hier garnicht um den Tod Alexander's II, sondern um den seines Vaters handelt, und dass andererseits Cicero in dem Bestreben, den Neos Dionysos von jeglichem Verdachte der Teilnahme an dem Morde reinzuwaschen, das Wort „puer" angewandt habe, wo es nicht mehr am Platze war. Der Tod des Königs muss nach dem Kanon im Jahre 52/51 stattgehabt haben. Genauer auf den Mai 51 wird er bestimmt durch einen Brief des Caelius an Cicero aus Rom, der am 1. August geschrieben ist, Cicero ad fam. epist. VIII 4, 5 (Mendelssohn 1893): ‚praeterea nuntiatum nobis et pro certo iam habetur regem Alexandrinum mortuum'. Eine Nachricht von Alexandrien nach Rom mag eine bis zwei Wochen gebraucht haben, so dass wir nach dem berichteten Kalender auf Ende Mai kommen (Unger bei J. Müller I 812). — Die Krönung ist festgelegt durch das gleichzeitige Zeugniss b. — Die Anerkennung in Rom ward in Caesar's erstem Consulate durchgesetzt, Caesar, bell. civ. III 107; vergl. Sueton, Caesar 54; Diodor I 44 und 83; Cicero pro Rabirio 4 und 6.

⁴²) Die Flucht des Königs hat von 58—55 gedauert. Diese Grenze ergiebt: 1. die Lücke in den Münzen, die die Jahre 24—26 = 58/57—56/55 umfasst, 2. der Satz des Porphyrius (bei Eusebius I 167): ἐπί τε γὰρ τοῦ νέου Διονύσου εἰς τὰς αὐτοῦ θυγατέρας Κλεοπάτραν τὴν καὶ Τρύφαιναν καὶ Βερενίκην τριετὴς ὡς βεβασιλευκυίας ἀνεγράφη χρόνος. Der Beginn der Flucht wird einerseits durch das gleichzeitige Zeugniss O nach April Anfang verlegt, andrerseits durch Plutarch, Cato 35 auf den Sommer 58 bestimmt: Κανίδιον δέ τινα τῶν φίλων προπέμψας εἰς Κύπρον (Cato) .... αὐτὸς δὲ διέτριβεν ἐν Ῥόδῳ .... ἐν δὲ τούτῳ Πτολεμαῖος ὁ Αἰγύπτου βασιλεὺς ὑπ' ὀργῆς τινος καὶ διαφορᾶς πρὸς τοὺς πολίτας ἀπολελοιπὼς μὲν Ἀλεξάνδρειαν. Cato selbst verliess Rom erst im Sommer. Die Rückkehr des Königs wurde durch A. Gabinius, Proconsul in Syrien von 57—55, bewerkstelligt im Jahre 55 nach Dio IXL 55: κατὰ δὲ δὴ τὸν αὐτὸν τοῦτον χρόνον (Consulat des Pompeius und Crassus) καὶ ὁ Πτολεμαῖος καίτοι τῶν Ῥωμαίων τήν τε ἐπικουρίαν ἀπεψηφισμένων — κατήχθη καὶ τὴν βασιλείαν ἐκομίσατο· ἔπραξαν δὲ τοῦτο ὅ τε Πομπήιος καὶ ὁ Γαβίνιος. Das genauere Datum ergiebt die Notiz von Cicero: Puteolis magnus est rumor, Ptolemaeum esse in regno (Cicero ad Att. IV 10, geschrieben a. d. II Kal. maias in Puteoli, s. Fischer, röm. Zeittafeln z. J. 55). Clinton hält dies in Puteoli umlaufende Gerücht für falsch und bestimmt auf grund einer Diostelle, welche des Neos Dionysos Rückkehr mit Caesar's Expedition nach

Brittanien gleichsetzt, die Rückführung auf Ende 55 (Sept.). Caesar kehrte von dem Feldzug nach bell. gall. IV 36 um Mitte September zurück, ‚propinqua die aequinoctii'. Vor dem 6. September (1. Thoth) fand die Rückkehr des Königs sicherlich statt, da sonst das Jahr 56/55 der Berenike als 4. zugerechnet sein würde.

⁴³) Kleopatra-Tryphäna. Der Name der Frau des Dionysos ist erst durch die gleichzeitigen Zeugnisse bekannt geworden. Ob sie eine Schwester des Königs, eine natürliche Tochter Soter's II war, ist nicht mehr auszumachen. Nach den Actpräscripten ist sie, wenn man das Fehlen ihres Namens auf die einfachste Weise erklärt, zwischen August 69 und August 68, möglicherweise zwischen August und Dezember 69 gestorben. Dagegen scheinen die 3 Pyloneninschriften des Edfutempels zu sprechen (Zäg Spr. 1870, S. 16, Dümichen): a) „im Jahre 25, Choiak 1", b) „Choiak 1 mit folgenden leeren Namensschildern", c) „Ptolemäus XIII Neos Dionysos mit seiner Schwester-Gemahlin, der Regentin Kleopatra-Tryphäna, er hat ausgeführt das vollkommene Werk seines Vaters Horus von Edfu" u. s. w. Die Aufrichtung dieser beiden Thürflügel des Eingangsportales fand statt im Monat Choiak". Hiernach hätte die Königin noch am 5. XII. 57 gelebt. Allein der erste Teil der dritten Inschrift weist einen Fehler auf — Neos Dionysos war zur Zeit flüchtig und nicht der anerkannte Herrscher —, so dürfen wir auch den zweiten, der die Erwähnung der Königin enthält, nicht als vollgültig betrachten. S. S. 65 f.

⁴⁴) Appian, Mithrid. 111 δύο δ' αὐτῷ θυγατέρες ἔτι κόραι συντρεφόμεναι, Μιθριδᾶτίς τε καὶ Νύσσα τοῖς Αἰγύπτου καὶ Κύπρου βασιλεῦσιν ἠγγυημέναι προλαβεῖν τοῦ φαρμάκου παρεκάλουν u. s. w.

⁴⁵) Heiraten der Berenike: Strabo XVII 796 τῇ δὲ κατασταθείσῃ (Βερενίκῃ) μετεπέμψαντο ἄνδρα ἐκ τῆς Συρίας κυβιοσάκτην τινά, προσποιησάμενον τοῦ γένους εἶναι τῶν Συριακῶν βασιλέων· τοῦτον μὲν οὖν ὀλίγων ἡμερῶν ἀπεστραγγάλισεν ἡ βασίλισσα u. s. w.; s. Dio IXL 57, 1. Strabo XII 558 ταύτῃ ζητουμένου ἀνδρὸς βασιλικοῦ γένους ἐνεχείρισεν ἑαυτὸν τοῖς συμπράττουσι (Archelaos) προσποιησάμενος Μιθριδάτου τοῦ Εὐπάτορος υἱὸς [εἶναι] καὶ παραδεχθεὶς ἐβασίλευσεν ἓξ μῆνας· τοῦτον μὲν οὖν ὁ Γαβίνιος ἀνεῖλεν ἐν παρατάξει κατάγων τὸν Πτολεμαῖον. Vergl. Strabo XVII 796; Livius, epitom. 105; Dio IXL 55f.

⁴⁶) Die Geburtsjahre der vier bei dem Tode des Neos Dionysos übrigbleibenden Kinder sind annähernd bestimmbar. Kleopatra VII, die älteste Tochter ist im Winter 69 geboren: Plutarch, Antonius 86 ἐτελεύτησε δὲ Κλεοπάτρα μὲν ἑνὸς δέοντα τεσσαράκοντα ἔτη βιώσασα, καὶ τούτων δύο καὶ εἴκοσι βασιλεύσασα, συνάρξασα δὲ Ἀντωνίῳ πλείω τῶν δεκατεσσάρων. Da Kleopatra im Jahre 30, vermutlich im September gestorben ist, so kommen wir mit dem Geburtsjahr auf 69. Die genauere Zeit wird vielleicht durch Plutarch a. a. O. 73 gegeben, wo die Vermittlungsversuche nach der Schlacht bei Actium erzählt werden und daran die Erwähnung des Geburtstages geknüpft wird. Die Erzählung wird cp. 74 mit τοῦ δὲ χειμῶνος παρελθόντος wieder aufgenommen. Die Vertreibung der Kleopatra durch ihren jungen Bruder hatte wenige Monate vor der Ermordung des Pompeius stattgehabt (24. Juli 48, s. Judeich, Cäsar im Orient, 58) nach Caesar, bell. civ. III 103: ibi (bei Pelusium) casu rex

Anmerkungen zur chronologischen Tabelle. 101

erat Ptolomaeus puer aetate, magnis copiis cum sorore Cleopatra bellum gerens, quam paucis ante mensibus per suos propinquos atque amicos regno expulerat, vergl. Appian, bell. civ. II 84. Das Wiedereintreffen der Kleopatra in Alexandrien setzt Judeich a. a. O. nach Mitte August 48. — Ptolemäus XIV ist nach Appian, bell. civ. II 84 im Jahre 48 etwa 13 Jahre alt, also um 61 geboren. Die Nachricht wird im wesentlichen bestätigt durch Caesar (bell. civ. III 103), der ihn ‚puer' nennt und durch die Thatsache, dass er noch Vormünder hat, vergl. Caesar a. a. O. III 104, 108, 112; Appian, bell. civ. II 83; Plutarch, Pompeius 77. Er ertrinkt in der Entscheidungsschlacht am Nil (bell. Alex. 31; Dio XLII 43, 4), die Judeich auf den 14. Januar 47 berechnet. Ptolemäus XV ist bei seiner Ermordung durch Kleopatra 15 Jahre alt nach Josephus XV 89: φύσει δὲ πλεονεξίᾳ χαίρουσα παρανομίας οὐδὲν ἔλιπεν, τὸν μὲν ἀδελφόν, ᾧ τὴν βασιλείαν ᾔδει γενησομένην προανελοῦσα φαρμάκοις πεντεκαιδέκατον ἔτος ἔχοντα, τὴν δ' ἀδελφὴν Ἀρσινόην ἱκετεύουσαν ἐν' Ἐφέσῳ πρὸς τῷ τῆς Ἀρτέμιδος ἀποκτείνασα δι' Ἀντωνίου. Nach Porphyrius bei Eusebius I 170 stirbt er in seinem 4. Regierungsjahre, das dem 8. der Kleopatra gleich ist, also 45/44, vermutlich erst 44 nach der Ermordung Cäsar's. — Arsinoe entflieht bald nach der ersten Schlacht des Alexandrinischen Krieges um die Mitte des September 48 aus der Königsburg von Caesar, wird Königin beim Landheer und weiss diese Rolle vollständig zu spielen, Dio XLII 39 καὶ ταύτην ἐκεῖνοι βασιλίδα ἀποδείξαντες (οἱ Αἰγύπτιοι) vergl. Caesar, bell. civ. III 112, bell. Alex. 4. Danach ist ihre Geburt nicht nach 65 anzusetzen. Im Jahre 69 ist die ältere Schwester Kleopatra geboren, folglich fällt die Geburt zwischen 68—65. Wie lange sie Gegenkönigin gegen die in Alexandrien von Cäsar zurückgehaltenen Geschwister war, ob erst die Schlacht am Nil oder die Auslieferung des Ptolemäus XIV an die Truppen ihrer Stellung ein Ende machte, steht dahin. Cäsar führte sie in seinem Triumphzug, Juni 46, in Rom mit auf nach Dio XLIII 19, 4. Auf Wunsch der Kleopatra lässt Antonius die Arsinoe in Ephesus ermorden, wahrscheinlich schon in Tarsus bei der ersten Begegnung mit Kleopatra von dieser überredet, also Anfang 41, vergl. Josephus XV 89; Dio XLVIII 24; Appian, bell. civ. V 9.

[47]) Neos Dionysos hatte testamentarisch Kleopatra und den älteren Ptolemäus zu Erben eingesetzt nach Caesar, bell. civ. III 108: in testamento Ptolemaei patris heredes erant scripti ex duobus filiis maior et ex duabus filiabus ea, quae aetate antecedebat, vergl. bell. Alex. 33; Strabo XVII 769. Die allgemeine Teilung für die vom Kanon unter dem Namen der Kleopatra angegebenen 22 Jahre giebt Porphyrius bei Eusebius I 168, nach dem sich folgendes Bild darstellt:

Jahr 1— 4 Kleopatra und Ptolemäus XIV,
- 5— 7 Kleopatra = Jahr 1—3, Ptolemäus XV,
- 8—15 Kleopatra,
- 16—22 Kleopatra = Jahr 1—7 (Cäsarion?).

Mit dieser Teilung stimmen die uns überkommenen gleichzeitigen Zeugnisse für die letztere Doppelzählung. Wir haben 2 Münzen (Feuardent a. a. O. 128, 135), die den Kopf der Kleopatra tragen und die auf dem Revers einmal den Kopf des Antonius, das andere Mal einen Neptun mit einem Viergespann von Seepferden nebst den Buchstaben BH (Beirut) zeigen. Diesen Münzen ist als Datierung auf dem Revers hier ΕΤΟΥΣ ΚΑ ΤΟΥΚΑΙ ⊂ ΘΕΑΝΕω-ΤΕΡΑ, dort $\overset{LC}{LAK}$ beigegeben, ganz wie man es nach Porphyr erwarten konnte, und ebenso finden wir seine Angabe durch das Doppeldatum LK τοῦ καὶ Ε ϥαμ (ἐνώϑ) λ' (Letronne, recueil II 125; Krall, wiener Studien V 313), sowie durch eine Inschrift von Alexandrien bestätigt, wenn wir der früheren Lesung Weschers (Anhang 158)

Ἀντώνιον μέγαν | κἀμίμητον Ἀφροδίσιος |
παράσιτος τὸν ἑαυτοῦ θεὸν | καὶ εὐεργέτην LIΘΤΟΥ△ Χοῖαχ κϑ

und seiner Erklärung LIΘ τοῦ καὶ Δ folgen. Der neue Herausgeber Botti freilich liest einfach LIΘ τοῦ A, womit schlechterdings nichts anzufangen ist. Entgegen steht dem nur die Grabschrift der Nofreho ‚vom Jahre 20 der Königin Kleopatra, verbunden mit Ammon', rev. ég. V 130, die aber wenig Beweiskraft hat, da sie erst in Augustus' Zeit abgefasst ist.

Mit der ersten Doppelzählung aber stimmen die gleichzeitigen Zeugnisse nicht. Wir haben eine Münze aus dem Jahre 47/46 (Poole 122), die sicher nur die Regierungszahl der Kleopatra LC trägt, und weiterhin finden sich demotische — freilich unter Augustus geschriebene — Grabschriften, die sich mit der Nennung des 5. und 6. Jahres der Kleopatra zu begnügen scheinen. Serapeumsstele im Louvre vom Jahre 5, Payni 23, rev. ég. III 98; Grabschrift der Frau des Paserenptah vom Jahre 6, Epiphi 5, rev. ég. V 130; Grabschrift des Imuth vom Jahre 6, Epiphi 15, rev. ég. V 130. Wir werden hier, wie bei der gemeinsamen Regierung des Philometor und Euergetes (s. S. 35) anzunehmen haben, dass der König und die Königin jeder die Jahre für sich zählte. Natürlich ergab sich in diesem Falle, wo der König ein unmündiges Kind war, dass seine Jahre selten zur Anwendung kamen.

Die Doppelzahl von 36 ab bezeichnet m. E. die Sammtregierung von Kleopatra und Cäsarion, sicher nicht diejenige von Kleopatra und Antonius. Antonius ist niemals König von Aegypten gewesen, wenn er auch von der Kleopatra in einem Briefe als von seiner Frau spricht (Sueton, Octavius 69) und zu Alexandrien an ihrer Seite auf goldenem Throne sitzend, Länder und Völker an seine Kinder verteilte, Könige ab- und einsetzte nach Willkür und Laune. Auf den ägyptischen Münzen heisst er Consul oder Autokrator (Feuardent 133, 134). Beide Daten auf Kleopatra allein zu beziehen, einen doppelten Regierungsanfang anzunehmen (Mommsen, röm. Staatsrecht II 804[1]), halte ich auch für verfehlt, trotzdem Porphyrius an der angeführten Stelle ausdrücklich angiebt, dass nach dem Tode des Lysimachus, des Königs der syrischen Chalkis, Antonius der Kleopatra die Chalkis und Umgegend schenkte und dass damals diese Doppelzählung eingeführt wurde. Porphyrius giebt nemlich nicht die Schenkung als Grund, sondern nur ein zeitliches Zusammentreffen. Und selbst wer das annimmt, muss noch nicht beide Zahlen auf Kleopatra beziehen. Es könnte die zweite der Zahlen auf die Kinder des Antonius und der Kleopatra bezogen werden. Doch diese werden wohl mit allen möglichen Reichen belehnt und tragen den Titel: ‚Könige der Könige', aber Könige von Aegypten sind sie nicht gewesen. So bleibt Cäsarion. Cäsarion, den Porphyrius übergeht, war schon vor der Schlacht bei Philippi als König anerkannt nach Dio XLVII 31, 5: ἥ τε Κλεοπάτρα διὰ τὴν συμμαχίαν, ἣν τῷ Δολαβέλλᾳ ἔπεμψεν, εὕρετο τὸν υἱὸν, ὃν Πτολεμαῖον μὲν ὠνόμαζεν, ἐπλάττετο δὲ ἐκ τοῦ Καίσαρος τετοκέναι καὶ κατὰ τοῦτο Καισαρίωνα προσηγόρευε, βασιλέα τῆς Αἰγύπτου κληθῆναι. Der Titel βασιλεύς bezeugt nun zwar an und für sich keine Teilnahme an der Regierung, jedoch spricht die Wahrscheinlichkeit dafür, dass Cäsarion an die Stelle seines Oheims, des Ptolemäus XV, rückte, den Kleopatra im Jahre 44 aus dem wege räumte. Da erst im Jahre 36 eine eigene Jahreszählung für ihn eingeführt wurde, so wird Kleopatra ihren vierjährigen Sohn im Jahre 44 als Mitherrscher angenommen haben, von dem er dann im Jahre 36 zum Sammtherrscher befördert wurde, um bald darauf, im Frühjahr 34, mit dem Titel ‚König der Könige' geehrt zu werden. Das Datum auf der oft genannten turiner Stele (Anhang 157) beweist nichts, da es ganz ergänzt ist. Nach der Schlacht von Actium ist Cäsarion für grossjährig erklärt worden, ‚damit die Aegypter, weil sie jetzt einen männlichen Beherrscher hätten, Mut bekämen'. Vermutlich ist mit dieser Nachricht die feierliche Krönung nach ägyptischem Ritus in Memphis gemeint, wie wir sie von Ptolemäus Epiphanes und Antiochus Epiphanes kennen. Ob ihm damit von Kleopatra grössere Rechte eingeräumt wurden, ist eine Frage, die nicht mehr zu lösen ist.

⁴⁸) Cäsarion wird nach Cäsar's Abreise aus Aegypten geboren nach Plutarch, Caesar 49: καταλιπὼν (Καῖσαρ) δὲ τὴν Κλεοπάτραν ... μικρὸν ὕστερον ἐξ αὐτοῦ τεκοῦσαν υἱόν, Antonius 54, (Καισαρίων), ὅς ἐκ Καίσαρος ἐδόκει τοῦ προτέρου γεγονέναι Κλεοπάτραν ἔγκυον καταλιπόντος. Cäsar's Abreise erfolgt nach Judeich (Cäsar im Orient, Tafel) um den 8. April. Der in der Tabelle angegebene 23. Juni entstammt der Angabe einer Serapeumsstele, Louvre 335, ‚aus dem Jahre 5, Payni 23, Panegyris der Isis, Geburtstag des Königs Cäsar', Revillout, rev. ég. III 98, Anm. Brugsch, thesaurus V 889, hat als Datum den 28. Mechir = 28. II. Wenn dies Datum auf dem Steine wirklich steht, dann war Cäsar fast von demselben Glücke begünstigt, wie sein Nachfolger Augustus, über den bekanntlich der Vers umlief: τοῖς εὐτυχοῦσι καὶ τρίμηνα παιδία.

⁴⁹) Ueber die Kinder des Antonius und der Kleopatra s. Plutarch, Antonius 36 und 54; Dio IL 40 und IL 32: Ἀντώνιος ἐπὶ δὲ δὴ τῇ Κλεοπάτρᾳ μεγάλως διεβλήθη, ὅτι τε παῖδας ἐξ αὐτῆς πρεσβυτέρους μὲν Ἀλέξανδρον καὶ Κλεοπάτραν (καὶ δίδυμοι γὰρ ἐτέχθησαν) νεώτερον δὲ Πτολεμαῖον, τὸν καὶ Φιλάδελφον ἐπικληθέντα, ἀνείλετο.... Ueber die Jahre ihrer Geburt sowie über Alles, was Caesarion und die Kinder des Antonius betrifft, s. Gardthausen, Augustus und seine Zeit II 1, 170.

Index
zu den Inschriften.

I. Ptolemäer.

Ptolemäus I . . . . . . 1—12.
— Λαγείδας 8.
— Λάγου Μακεδών 11.
— ὁ πρεσβύτερος 12.
— ἄναξ 50.
— Σωτήρ 1, 7, (9), 15, 94.
— Σωτὴρ καὶ θεός 1.
— θεὸς Σωτήρ 12.
— mit Berenike I: Σωτῆρες 13.
—   -   -   θεοὶ Σωτῆρες 38$_{22}$, 39, 69.
— Vater des Ptolemäus II 13—18.
— Vater der Arsinoe II 28, 29, 32.

Ptolemäus II . . 13—18, (19), 37.
— mit Arsinoe II: θεοὶ Ἀδελφοί 35, 36, 38—40, 43, 51, 69, 95, 103, 140.
— — — — θεοὶ Φιλάδελφοι?? (46), (47).
— Vater des Ptolemäus III 38—41, 43, 46, 47, 50—52.

Ptolemäus III . . . . . 38—52.
— βασιλεὺς μέγας 39.
— θεὸς Εὐεργέτης 44, 46.
— mit Berenike II: Εὐεργέται (49).
—   -   -   θεοὶ Εὐεργέται 38 öfters, 43, 45, 48, 53, 60, 63, 64, 68, 69, 95, 103, 140.
— Vater des Ptolemäus IV 53, 63, 64, 68.

Ptolemäus IV . . . . . 53—68.
— Φιλοπάτωρ 67.
— θεὸς Φιλοπάτωρ 64.
— θεὸς μέγας Φιλοπάτωρ Σωτὴρ καὶ Νικηφόρος 57.
— mit Arsinoe III: θεοὶ Φιλοπάτορες 54—56, 58, 59, (60), 61, 65, 66, 69, 72, 78, 80, 95, 103, 140.
— Vater des Ptolemäus V 69, 72, 78, 80.

Ptolemäus V . . . . . 69—80.
— [Ἐπιφανὴς Μέγα]ς Εὐχάριστος 71.
— Ἐπιφανὴς καὶ Εὐχάριστος (79), 94.
— ὁ ἐπαμύνας τῇ Αἰγύπτῳ 69$_{39}$.
— θεὸς Ἐπιφανής (78), 80.
— θεὸς Ἐπιφανὴς καὶ Εὐχάριστος 69 öfters, 75, 89.
— θεὸς Ἐπιφανὴς Μέγας Εὐχάριστος 73.
— mit Kleopatra I: θεοὶ Ἐπιφανεῖς 70, 84, 85, 95, 103, 105, 140.
— mit Kleopatra I: θεοὶ Ἐπιφανεῖς καὶ Εὐχάριστοι 74, 76, 77, 81, 93.
— mit seinen Eltern, den Philopatoren 57—60.
— Vater des Ptolemäus VI 70, 81, 84, 85, 89, 93.
— Vater des Ptolemäus VIII (105).

Ptolemäus VI . . . . . 81—99.
— Φιλομήτωρ 85.
— θεὸς Φιλομήτωρ 82—84, 86, 90, 94, 103.
— mit Kleopatra II: θεοὶ Φιλομήτορες 81, 82a, 87, 88, 91—93, 95—99, 101, 140.
— mit seinen Eltern, den Epiphanen 70.
— Vater des Ptolemäus VII 82a, 101.

Ptolemäus VII . . . . 101—102.
— θεὸς Εὐπάτωρ 101—103, 140.
— mit seinen Eltern, den Philometoren 82a.

Ptolemäus VIII . . 86, 103—130.
— Εὐεργέτης 114, 130, (138).
— ὁ δεύτερος Εὐεργέτης 132, 134.
— θεὸς Εὐεργέτης 105, 113, 140.
— mit Kleopatra II: θεοὶ Εὐεργέται (106).
— mit Kleopatra III: θεοὶ Εὐεργέται (106), 109.
— mit Kleopatra II und III: θεοὶ Εὐεργέται 103, 103a, 104, (107), 111, 115 (ohne θεοὶ Εὐεργ.?) 116—118, 119—122 (zu Euergetes I gehörig?) 123, 124, 126, 128, 140.
— Vater des Ptolemäus X 132, 134.

Ptolemäus X . . . . 131—140.
— Σωτήρ 132, 134.
— ὁ δεύτερος Σωτήρ 135.
— [θεὸς Σω]τήρ 133, 136.
— μέγας θεὸς Φιλομήτωρ [Σωτήρ] 140.
— mit seiner Mutter Kleopatra III: θεοὶ (μεγάλοι) Φιλομήτορες Σωτῆρες 131, 140.
— mit seiner Frau Kleopatra: θεοὶ Φιλομήτορες 139.
— mit seinem Bruder Ptolemäus XI: θεοὶ Φιλομήτορες? 137 s. S. 54.

Ptolemäus XI (Alexander I) 141—148.
— θεὸς Φιλομήτωρ 141, 142, 144, 155.

Ptolemäus XI mit seiner Frau 146, 147.
— mit seinem Bruder Ptolemäus X: θεοὶ Φιλομήτορες? 137 s. S. 54.

Ptolemäus XII θεὸς Ἀλέξανδρος? 149.

Ptolemäus XIII . . . 150—156.
— Φιλοπάτωρ καὶ Φιλάδελφος 155.
— θεὸς Φιλοπάτωρ Φιλάδελφος 151, 156 A.
— θεὸς νέος Διόνυσος 154, (156B).
— θεὸς νέος Διόνυσος Φιλοπάτωρ καὶ Φιλάδελφος 150, 152.
— mit Frau 151.
— mit Frau: θεοὶ Φιλοπάτορες καὶ [Φιλάδελφοι] 153.

Ptolemäus XVI (Caesarion): [rex] regum 158a.
— θεὸς Φιλοπάτωρ Φιλομήτωρ 157.

Ptolemäus, unbestimmt 159—172.

Arsinoe I? (18).

Arsinoe II 1.
— βασίλισσα 17, (19), (28), 29, 32, 34.
— Φιλάδελφος 20—22a, 24, 25, 27, 33, 38₂, 69₅.
— Φιλάδελφος Ναιάς 31.
— [Ἶσις? Ἀ]ρσινόη Φιλάδελφος 30.
— θεὰ Φιλάδελφος 22b, (23), (28).
— θεὰ Φιλαδέλφη 26.
— (Stief-)Mutter des Ptolemäus III neben Ptolemäus II 38—41, 43, 46, 47, 51.
— mit Ptolemäus II: θεοὶ Ἀδελφοί s. Ptol. II.

Arsinoe III: ἀδελφὴ [καὶ βασίλι]σσα 65.
— Φιλοπάτωρ 69₅.
— Mutter des Ptolemäus V neben Ptolemäus IV 69, 72, 78, 80.
— mit Ptolemäus IV: θεοὶ Φιλοπάτορες s. Ptol. IV.

Berenike I: γυνή 3.
— Mutter des Ptolemäus II neben Ptolemäus I 13, 16, 17, (18).
— Mutter der Arsinoe II neben Ptolemäus I 28, 29.
— mit Ptolemäus I: Σωτῆρες oder θεοὶ Σωτῆρες s. Ptol. I.

Berenike II: ἀδελφή (τοῦ βασιλέως) καὶ γυνή 38₃, 40, 43.
— Εὐεργέτις 69.
— Mutter des Ptolemäus IV neben Ptolemäus III 53, 63, 64, 68.
— mit Ptolemäus III: (Εὐεργέται) oder θεοὶ Εὐεργέται s. Ptol. III.

(Kleopatra)-Berenike III 137, 139.

Berenike, Tochter des Euergetes I
— βασίλισσα 38₄₇, ₅₄, ₅₇, 48.
— θεά 38₄₉.
— ἄνασσα παρθένων 38₆₁, ₆₅.

Kleopatra I: ἀδελφή 71, 77.
— Mutter des Ptolemäus VI neben Ptolemäus V 70, 81, 84, 85, 93.
— Mutter des Ptolemäus VIII neben Ptolemäus V (105).
— mit Ptolemäus V: θεοὶ Ἐπιφανεῖς oder θεοὶ Ἐπιφανεῖς καὶ Εὐχάριστοι s. Ptol. V.

Kleopatra II: ἀδελφή 81, 88, 95 bis 98, 103—104, (107), 108, 110 bis 112, 115—118, 123, 124, 126, 128, 140.
— ἀδελφὴ καὶ γυνή (87), (100).
— θεὰ Φιλομήτωρ (100).
— Mutter des Ptolemäus VII neben Ptolemäus VI 82a, 101.
— mit Ptolemäus VI: θεοὶ Φιλομήτορες s. Ptol. VI.
— mit Ptolemäus VIII 86.

Kleopatra II mit Ptolemäus VIII: θεοὶ Εὐεργέται s. Ptol. VIII.
— mit Ptolemäus VIII und Kleopatra III: θεοὶ Εὐεργέται s. Ptol. VIII.

Kleopatra III: γυνή 103—104, (107), 109, 111, 115—118, 123, 124, 126, 128, 138.
— Εὐεργέτις 138.
— θεὰ Εὐεργέτις 141.
— mit Ptolemäus VIII, oder mit Ptolemäus VIII und Kleopatra II: θεοὶ Εὐεργέται s. Ptol. VIII.
— mit Ptolemäus X: θεοὶ Φιλομήτορες Σωτῆρες s. Ptol. X.

Kleopatra IV oder Kleopatra-Selene
— mit Ptolemäus X: θεοὶ Φιλομήτορες 139 s. S. 205 Anm. 37.

Kleopatra V
— mit Ptolemäus XIII 151.
— mit Ptolemäus XIII: θεοὶ Φιλοπάτορες καὶ [Φιλάδελφοι] s. Ptol. XIII.

Kleopatra VII 158a.
— θεὰ Φιλοπάτωρ 157.

Kleopatra, unbestimmt 160, 166 bis 170, 174.
— βασιλέως Πτολεμαίου θυγατήρ 160.
— θεὰ Κλεοπάτρα (173).
— Κλεοπάτρα θεὰ ... 129.

Ptolemäergötterreihen:
Adelphen — Euergeten I 38₂.
Soteren — Epiphanen 69₄.
Adelphen — Philometoren 95.
Adelphen — Euergeten II 103.
Adelphen — Philometoren-Soteren 140.

II. Fremde Herrscher.

['Ακρό]τατος (Lakedämonier) 14.
'Αλέξανδρος (d. Grosse) 38₂, 69₄.
'Αντίοχος (Grypos) 148.
'Αντώνιος· μέγας κάμίμητος 158.

[Αρεὺς 'Ακρο]τάτου 14.
Δημήτριος (Poliorketes) 29.
[Κλεομένη]ς 42.
Στρατονίκη Δημητρίου 29.

III. Götter, Heroen.

'Αθηνᾶ Κυνθία 132.
— Σώτειρα Νίκη 6.
'Άμμων 134.
— ὁ καὶ Χνοῦβις 95, 108.
'Ανοῦβις 76.
'Ανοῦκις ἡ καὶ 'Εστία 95, 108.
'Ανταῖος 81.
'Άπις 38₉, ₅₃, 69₃₁.
'Απόλλων 33, 37, 57, 113—115, 118, 135, 138, 160.
— 'Αροῆρις 88.
'Αρωῆρις θεὸς μέγιστος 131.
'Αρωῆρις θεὸς μέγας 'Απόλλων 88.
'Αρποχράτης 141.
'Άρτεμις 33, 80, 114, 115, 118, 138, 160.
— Σώτειρα 5.
'Ασκληπιός 70.
'Αφροδίτη 10, 11, 103 a.
— Παφία 119—121, 136.

Βασίλεια 38₅₆.

Δαίμονες οἱ ἐπὶ τοῦ καταράκτου 108.
Δημήτηρ 54.
Δικαιοσύνη 54.
Διόνυσος (μέγας) 35, 91, 119—121.
— ὁ Διός 39.
— ὁ καὶ Πετεμπαμέντις 95, 108.
Διόσκουροι, Σωτῆρες θεοί 50 b.

'Ερμῆς 69₂₆.
— ὁ μέγας καὶ μέγας 69₁₉.
[—? θεὸς μέγιστος] ὁ καὶ Παοτπνοῦφις 110.
— ὁ καὶ Πετενσήνις 108.
'Εστία ἡ καὶ 'Ανοῦκις 95, 108.

Ζεύς 39, 69₃, 94.
— Κύνθιος 132.
— 'Ολύμπιος 14, 17a b, (42), 43, 125.
— Συνωμόσιος 43.

"Ηλιος 38₅₅, 69₂.
"Ηρα μεγίστη θεά 140.
"Ηρα ἡ καὶ Σάτις 95, 108.
'Ηρακλῆς ὁ Διός 39.
"Ηφαιστος ὁ μέγας 69₂, ₃.

Θεοί 50.
— μεγάλοι 13, 32, 92.
— οἱ ἐν Σαμοθράκῃ 59.
Θεὸς ὕψιστος 167.

'Ίσις 1, 4, 9, 38₃₅, 55—58, 66, 69₁₀, ₂₆, 76, 82, 82a, 87, 146.
— ἡ κυρία (146), 151, 152.
— θεὰ μεγάλη 89.
— θεὰ μεγίστη 103.
— Μωχιὰς Σώτειρα 73.
— Σονουάις θεὰ μεγίστη 141.

Κόρη 54.
Κρόνος ὁ καὶ Πετενσῆτις 108.

Λητώ 33, 115, 118, 138, 160.

Μνε(η)ῦις 38₉, ₅₃, 69₃₁.
Μωχιάς 73 s. 'Ίσις.

Ναιάς 31 s. Arsinoe II.
Νεῖλος ὁ μέγας θεός 140.
Νεφερσής 144.
Νίκη 6. s. Ἀθηνᾶ.

Ὅρασις 38_{56}.
Ὀσῖρις 38_{49, 51, 64}, 40, 69_{10, 26}.
Ὄσορος 76.

Πὰν Εὔοδος 109.
— Εὔοδος Σωτήρ 50 c.
Παοπνοῦφις [ὁ καὶ Ἑρμῆς?] 110.
Παφία 83.
— Ἀφροδίτη 110.
Πετεμπαμέντις ὁ καὶ Διόνυσος 95, 108.
Πετενσῆνις ὁ καὶ Ἑρμῆς 108.
Πετενσῆτις ὁ καὶ Κρόνος 108.
Πετεσοῦχος θεὸς μέγας 154.
Πρεμμάρις 141.

Σαρᾶπις 1, 4, 45, 55—58, 66, 76, (87).
Σᾶτις ἡ καὶ Ἥρα 95, 108.
Σοκνοπαῖος 144.
— θεὸς μέγιστος 145.

Σονονάις 141 s. Ἶσις.
Σοῦχος θεὸς μέγας μέγας 142, 143.
Σώτειρα (Ἀθηνᾶ) 6.
— (Ἄρτεμις) 5.
— (Ἶσις) 73.
Σωτήρ (Πάν) 50 c.
θεοὶ Σωτῆρες (Διόσκουροι) 50 b.
— — (Σαρᾶπις, Ἶσις) 58, 66.

Φθᾶ 69 öfters.

Χνοῦβις 95.
— ὁ καὶ Ἄμμων 95, 108.
Χνούβω Νεβιήβ 140.
Χνόμω Νεβιήβ 95.

Ὧρος 69_{10}, 82, 82 a.
— ὁ τῆς Ἴσιος καὶ Ὀσίριος υἱός 69_{26}.

IV. Eigennamen.

Ἀγίας Δαμοθέτου Κρής 97.
Ἀέτης 105.
— Ἀέτου 69_{4}.
Αἰγίων 134.
Αἴγυπτος 120.
Ἄχωρις Ἐρ[ω]έως 73.
Ἀ]μ[εινί]ας 108.
Ἀμμώνιος 54, 108 öfters.
— [Ἀ]μ[εινί]ου 108.
— Ἀμμωνίου 171.
— Ἀπολλωνίου 108.
— Σάμιος 171.
Ἀμύντας Ἀμύντου 93.
Ἀνίκητος 145.
Ἀντίπατρος 43.
Ἀπολλόδωρος 58, 172.
— Ἀέτου 105.
Ἀπολλόδοτος Διοδώτου 55.
Ἀπολλοφάνης 155.
Ἀπολλωνίδης Μοσχίωνος 38.
Ἀπολλώνιος 50, 54, 74, 93, 108 öfters, 154.
— Ἀπολλώνιου Ταλεσεως? 154.

Ἀπολλώνιος Θέωνος 75, (75).
— Ἰσχυρίωνος 144.
— Ἰτάρου 108.
— ὡς Φιλομητόρειος 133.
Ἀρεία Διογένους 69_{5}.
Ἄρειος Διονυσίου 93.
— Πτολεμαίου Ἀλεξανδρεύς 132.
Ἀριστάρχη Μιχύθου Περγαμηνή 59.
Ἀριστέας Ἀριστέου Μαραθώνιος 134.
Ἀριστίων Διοδώτου 55.
Ἀριστοκλῆς Ἀριστοκλέους Ἀλεξανδρεύς 31.
Ἀριστὼ Δίωνος Κρῆσσα 122.
Ἀρίστων Αἰγίωνος Μυρρινούσιος 134.
Ἁρμόδιος Βασιλείδου νησιώτης 108.
Ἀρτεμίδωρος Ἀπολλωνίου Περγαῖος 50.
Ἀρτεμὼ [Σελεύκου] 129.
Ἀρχίας 68.
Ἀσκληπιάδης 57.
— Ἀσκληπιάδου 142.
— Διονυσίου 108.
— Πτολεμαίου 108.
[Ἄττα]λος Στασικράτου 121.
Ἀφροδίσιος 158.

Βασιλείδης (65), 108.
Βίθυς 123, 125.
Βόηθος Νικοστράτου Χρυσαορεύς 95.
Βοΐσκος 3, 17a (b), 18.

Γάιος Πέδιος Γαίου υἱὸς 'Ρωμαῖος 114.
[Γλαύκω]ν Ἐτεοκλέους [Ἀθηναῖος] 41.

Δαμοθέτης 97.
Δημήτριος 93, 141.
— Ἀπολλωνίου 93.
Δημοφῶν 95.
Διογένης 69₅.
Διόδωτος Διοδώτου 55.
— Μυρταίου Ἀλεξανδρεύς 55.
Διονύσιος 93, 108.
— Ἀμμωνίου 108.
— Ἀπολλωνίου 108.
— Δημητρίου 141.
— Κεφάλωνος 108.
— Μουσαίου 35.
— (Σωκράτους) 108.
— Τιμώνακτος Μυλασεύς 169.
Διοπείθης 7.
Δίων 122.
Δωρίων Ἀπολλωνίου 108.
Δω[σίθε]ος Διοδώτου 55.

Εἰρήνη Πτολεμαίου 69₆.
Ἕλενος 149.
Ἐπικράτης Ἀθηναῖος 5.
Ἐπικύδης 167.
Ἑρμίας 33, 166.
— Ἀμμωνίου 108.
Ἑρμοκράτης 140.
Ἐτεοκλῆς 41.
Εὐμένης Διονυσίου 108.
Εὐφραίνετος 80.
Ἐχέφυλος [.... Π]ολυρρήνιος 111.
Ἐρ[ω]εύς 73.

Ζήνων 160.
Ζηνόδωρος 155.
Ζώης 159.

Ἡρακλείδης 51, 89, 108, 144, 145.
Ἡρακλέων Πυθαγόρου 93.

Ἡρώδης Δημοφῶντος [Περγαμ]ηνός Βερενικεύς 95, 108.

Θάσης Φίλωνος 151.
Θεόδοτος Ἡρακλείδου 51.
Θεόδωρος Σελεύκου (126)—128.
Θεόξενος 60.
[Θ]έστωρ Σατύρου Ἀλεξανδρεύς 27, (30).
Θέων 74, 135.
— Ἡρακλείδου Μαρωνεύς 89.

Ἱέρων Σίμου 104.
Ἰκαδίων 109.
Ἰλιάδης 155.
Ἵμερος Ζήνωνος Ἀθηναῖος 160.
Ἵππαλος 94.
Ἰσίδωρος Ἑλένου Ἀντιοχεύς 149.
Ἰσχυρίων 144.
Ἴταρος? 108.

Καλλικράτης Βοΐσκου Σάμιος 17 a b, 18.
Καλλίμαχος 152, 157.
Καλλιμήδης 113.
Κάλλιππος Καλλίππου 119.
Καλλίστιος [Ἀττά]λου 121.
Καρπίων 171.
— Ἀμμωνίου 171.
Κέλσος 9.
Κεφάλων 108 ofters.
Κλεοπάτρα 95.
Κλέων 43.
Κόμων Ἀσκληπιάδου 57.
Κρισίλαος 54.
Κρόκος 118.

Λίχας Πύρρου Ἀχαρνάν 56.
Λόχος 103.
— Καλλιμήδου 113.
Λύκιος Πέδιος Γαίου υἱὸς 'Ρωμαῖος 114.
Λυσίμαχος 51, 151.
— Πτολεμαίου Σωστρατεύς 36.
Λυσανίας 145.

Μάρχος 114.
— Ἐλευσίνιος 134.
Μελαγκόμας Φιλοδάμου Αἰτωλός 122.

Μένανδρος Διοπείθους Κηφισιεύς 7.
— Μίκρου 107.
Μενεκράτεια Φιλάμμωνος 38₂.
Μεννέας Διονυσίου 93.
Μίκρος 107.
Μίκυθος 59.
Μοσχίων 38₂.
Μουσαίος 35.
Μυρταίος 55.

Ναυσικράτης 136.
Νίκανδρος Νίκωνος Πολυδεύκειος 4.
Νικάνωρ Νίκωνος Πολυδεύκειος 4.
Νικόστρατος 95, (108).
— Δημητρίου 93.
Νικώ 8.
Νίκων 4.
Νουμήνιος 103c.

Ξεινιάδης [Νικοστ]ράτου 108.

Ονήσανδρος Ναυσικράτους 136.

Παγκράτης Άμμωνίου 171.
Πανίσκος Κεφάλωνος 108.
Πανταλέων 144.
Παππίας Άμμωνίου 108.
Παχνούβις Τοτέους 108.
Παώς 109.
Πέδιος 114.
Πελλίας 108 ofters.
— Πελλίου 108.
— Σμενιχνούβιος 108.
Πέλοψ Π[έλοπος] 63.
Πετεαροῦρις Φανούφιος 108.
Πετῆσις 108.
Πολυ.... 79.
Ποσείδιππος 3.
Ποταμῶν Αἰγύπτου 120.
Πραξαγόρας 8.
Πραξίδημος Σέσμαος 6.
Πραξίκλης Φιλίνω 68.
Πρώταρχος Πρωτάρχου 108.
Πρωτίων Ἡρακλείδου 108.
Πρωτογένεια Ἀριστέου 134.
Πτολεμαῖος 36, 69₆, 107, 108, 132.

Πτολεμαῖος Ἀπολλωνίου 74, 75.
— Ἐπικύδου 167.
— Λυσιμάχου 51.
— Πτολεμαίου 77, 142.
Πυθαγόρας 93.
Πυργ]οτέλης Ζώητος 159.
Πύρρα Φιλίνου 69₅.
Πύρρος 56.

Σαραπίων Ἀμμωνίου 108.
— Ἀπολλωνίου 108.
Σάτυρος 26, 27.
Σέλευκος Βίθυος Ῥόδιος 123—128,(129)
Σέσμας 6.
Σίμαλος Τιμάρχου Σαλαμίνιος 135.
Σῖμος 104.
Σμενιχνοῦβις 108.
Σπάρις 76.
Στασίκρατος 121.
Στ]ησαγόρας 47.
Στόλος Θέωνος Ἀθηναῖος 135.
[Σωκράτης] 108.
— Ἀπολλοδώρου Λοκρός 58.
[Σώπατρος] 146.
Σωσιάναξ 8.
Σωσίβιος 35.
Σωσιγένης 7.
Σωτήριχος Ἰκαδίωνος Γορτύνιος 109.

Τέως Ὥρου 72.
Τίμαρχος 135.
Τιμόκιον Κρισιλάου 54.
Τιμόκριτος 121.
Τιμῶναξ 47, 169.
Τοτῆς 108.

Φανοῦφις 108.
Φίλα Καρπίωνος θυγατὴρ Ἀλεξανδρί 171.
Φιλάμμων 38₃.
— Φιλάμμωνος 108.
Φιλῖνος 68, 69₅.
— Φιλοτίμου Ἀθηναῖος 45.
Φίλιππος 7.
Φιλόδαμος 122.
Φιλοτέρα 166.

Index. 111

Φιλότιμος 45.
Φίλων 141.
Φομμοῦτις 140.

Χαιρήμων 1, 146.

Ψ'ενποῆρις Πετήσιος 108.
Ψ'εχνοῦβις Πελλίου 108.

῟Ωρος 72.

V. Geographisches.

1. Afrika.

a) Länder, Völker, Städte, Gaue, Flüsse.

῎Αβατον 103.
Αθρῖβις 167.
Αἴγυπτος 38$_{11}$, 18, 39 öfters, 69 öfters.
Αἰθίοπες 140.
Αἰθιοπία 140.
Αἰθιοπικός 39.
Ἀλεξάνδρεια 69$_{17}$, 92, 113, 115, 118, 136.
Ἀλεξανδρεύς 27, 31, 55, 60, 84, 132.
Ἀμμωνίειος τόπος 72.
Ἀρσινοίτης (νόμος) 145.

Βερενικεύς 108.
Βουσιρίτης 69$_{22}$.

Διονύσου νῆσος (Σῆτις) 108.
Διόσπολις ἡ μεγάλη 157.

Ἐλεφαντίνη 95.
— νεόκτιστος πόλις 140.

Ἡρακλείδου μερίς 144.

Θηβαίς 103 C., 109.

Κάνωπος 38$_6$, 50.
Κοπτός (τὸ κατὰ — ὄρος) 109.

Λιβύη 39.
Λύκων πόλις ἡ ἐν τῷ Βουσιρίτῃ 69$_{22}$.
Λυσιφανεύς 163.

Μέμφις 69 öfters.

Ναύκρατις 57.
Νεῖλος 69$_{24}$.
— πηγή 140.

Ὀμβίτης 88, 107.

Προσωπίτης 93.
Πτολεμαίς 9.
Πτολεμαιέων πόλις 35.

Σῆτις ἡ τοῦ Διονύσου νῆσος 108.
Συήνη 95.
— τὸ κατὰ — ὄρος 140.

Τριακοντάσχοινος 95.
Τρωγλοδυτικός 39.
Τρωγοδύτης 50.

Φίλαι 95, 103.
Φιλομητορίδες πόλεις 95.

Ψώα 140.

b) Demotika:

Μαρωνεύς 89.
Πολυδεύκειος? 4.

Σωστρατεύς? 36.
Φιλομητόρειος 133.

2. Asien, Europa.

Ἀθηναῖος 5, 41, 45, 135, 160.
Αἰτωλός 122.
— κατὰ δὲ μητ[ρὸς Λύκιος?] 80.
Ἀχαρνάν 56.
Ἀντιοχεύς 149.
Ἀργεῖος 78.
Ἀχαιός 125.

Βαβυλωνία 39.
Βακτριανή 39.

Γορτύνιος 109.

Δηλίων ὁ δῆμος 162.

Ἐλευσίνιος 134.
Ἕλληνες 125.
Ἑλλήσποντος 39.
Ἐρυθρὰ θάλασσα 152.
Εὐφράτης 39.

Θήρα 60.
Θηραῖος 50.
Θηραίων ὁ δᾶμος 90, 161.
Θρᾶκες 161.
Θράκη 39.

Ἰνδικός 39.
— ἡ θάλασσα 152.
Ἰουδαῖοι οἱ ἐν Ἀθρίβει 167.
Ἰωνία 39.

Καρία 39.
Κηφισιεύς 7.
Κίλικες (116), 127.
Κιλικία 39.
Κουριέων ἡ πόλις 123.
Κρής 97.
Κρῆσσα 122.
Κρῆτα 8.
Κυκλάδες νῆσοι 39.

Κύπρος 38_{15}, 39, 96, 118, 125, 161, 168.

Λακεδαιμόνιοι 14, 42.
Λισσάτης 52.
Λοκρός 58.
Λυκία 39.
Λύκιος 77, 117.

Μακεδών 11.
Μαραθώνιος 134.
Μεσοποταμία 39.
Μηδία 39.
Μυλασεύς 169.
Μυρρινούσιος 134.

Ξ[ανθίων] πόλις 80.

Παμφυλία 39.
Παφίων πόλις 65, 113, 136.
Πάφος 98, 120.
Περγαῖος 50.
Περγαμηνός 59, (95).
Πέρσαι 38_{11}, 39.
Περσίς 39.
[Π]ολυρρήνιος 111.
Πρωτέων τὸ κοινόν 68.

Ῥόδιος 125.
Ῥωμαῖος 113, 114.

Σαλαμίνιος 135.
Σαλαμινίων πόλις 99, 126.
Σάμιος 17a b, 171.
Σουσιανή 39.
Συρία 38_{17}, 39.

Τελμησσεύς 51.

Φοινίκη 38_{17}, 39.

VI. Titel und Aemter.

ἀδελφός 103 B, 140, 148.
ἀρχεδέατρος 133, 149 s. συγγενής.
ἀρχιδικαστής 169 s. πρῶτος φίλος.
ἀρχικυνηγός 77, 161 s. ἀρχισωματοφύλαξ, πρῶτος φίλος, στρατηγός.
αρχισωματοφύλαξ καὶ ἀρχικυνηγός 77.
— καὶ ἐπὶ τῆς πόλεως 97.
— καὶ στρατηγός 108.
— καὶ στρατηγὸς καὶ κτιστής? 95.
τῶν ἀρχισω]ματοφυλάκ[ων .... 111.
— .... καὶ ἐπὶ τῶν πλῶν 109.
— .... ὁ ἐπὶ τῆς πόλεως 171.
ἄρχων 7, 119, 155.

βασιλεὺς μέγας 39, 154, 155.

γραμματεύς 93.
— βασιλικός 103.
— τῆς βουλῆς καὶ τοῦ δήμου (δὶς) 119.
— τῶν κατοίκων ἱππέων 105 s. πρώτ. φίλων.
— τῆς Παφίων πόλεως, τεταγμένος δ' ἐπὶ τῆς ἐν Ἀλεξανδρείᾳ μεγάλης βυβλιοθήκης 136.
— τῆς πόλεως 119.
γραμματεύω τῷ δεῖνα 142, 144 s. προστάτης.
γυμνασίαρχος 119, 120, 172.

τῶν διαδόχων 74, 171.
— ὁ τεταγμένος ἐπὶ Θήρας 60.
— καὶ ἡγεμὼν ἐπ' ἀνδρῶν καὶ φρούραρχος Συήνης καὶ [ὀρ]οφύλαξ? καὶ ἐπὶ τῶν ἄνω τόπων [ταχθεὶς] καὶ προφήτης τοῦ Χνούβεως ἀρχιστολιστής τῶν ... ἱερῶν 95.

εἰσαγωγεύς 93.
ὁ ἐπὶ τῆς πόλεως 97, (99), 122, 171 s. ἀρχισωματοφύλαξ.
— , ἡγεμὼν καὶ ἱππάρχης ἐπ' ἀνδρῶν καὶ ἱερεὺς θεῶν Εὐεργετῶν 122.

ὁ ἐπὶ τῶν προσόδων τοῦ Ἀρσινοΐτου 145 s. συγγενής.
ἐπιστάτης 103.
— φυλακιτῶν 103, 167.
— καὶ γραμματεὺς τῶν κατοίκων ἱππέων 105 s. πρώτ. φίλων.
ἐπιστράτηγος 94, 114, 152 s. συγγενής, πρώτ. φίλων.
— τῆς Θηβαΐδος 140 s. συγγενής.

ἡγεμών 80.
— ἐπ' ἀνδρῶν 8, 95 s. διαδόχων.
— καὶ ἱππάρχης ἐπ' ἀνδρῶν 122 s. ἐπὶ τῆς πόλεως.
ἡγήτωρ 120.

Θηβάρχης 103.

ἱππάρχης καὶ πρύτανις διὰ βίου 36.
ἱππάρχης ἐπ' ἀνδρῶν 122 s. ἐπὶ τῆς πόλεως.
— καὶ γῆς βασιλικῆς [οἰκονόμος καὶ? 107.

κοίρανος 8.
κτιστής? 95.
κύριος βασιλειῶν 69₂.
— τριακονταετηρίδων 69₂.

μόναρχος 39.

ναύαρχος 117, 118, 123—129, 161 s. στρατηγός, συγγενής.

οἰκονόμος 35.
— σιτικῶν τῆς Ἡρακλείδου μερίδος 144, 145 s. ὁμοτίμων.
— τῶν κατὰ Ναύκρατιν 57.
τῶν ὁμοτίμων τοῖς συγγενέσι καὶ οἰκονόμος σιτικῶν τῆς Ἡρακλείδου μερίδος 144.

παράσιτος 158.

πάρεδρος 151.
προστάτης (46), 108, 142.
πρύτανις 68.
— διὰ βίου 35, 36, s. ἱππάρχης.
τῶν πρώτων φίλων 104, 132.
— καὶ ἀρχικύνηγος 77.
— ὁ ἐπιστάτης καὶ γραμματεὺς τῶν κατοίκων ἱππέων 105.
— ὁ ἐπιστράτηγος καὶ ἱερεὺς Πτολεμαίου Σωτῆρος 94.
— τῶν βασ. Πτολ. καὶ βασ. Κλεοπ. πρώτων φίλων καὶ ἀρχιδικαστής 169.

[rex] regum 158a.

στρατηγός 56, 103.
— καὶ ναύαρχος καὶ ἀρχιερεὺς καὶ ἀρχικύνηγος 161.
— in Verbindung mit ἀρχισωματοφύλαξ 95, 108.
— in Verbindung mit συγγενής (65), 84, 103, 112, 123, (124), 127—(129), 140, 145.
— αὐτοκράτωρ 118, 126 s. συγγενής.
— τῆς Θηβαίδος 103C, 109 s. συγγενής.
— τῆς ἰνδικῆς καὶ ἐρυθρᾶς θαλάσσης 152 s. συγγενής.
— τῶν κατὰ Κύπρον 125 s. συγγενής.
συγγενής (90), 140.
— βασ. Πτολ. καὶ βασ. Κλεοπ. 113.

συγγενὴς καὶ ἀρχεδίατρος 133, 149.
— καὶ [ἐπιστο]λογράφος 103C.
— βασ. Πτολ. Εὐεργέτου καὶ βασ. Κλεοπ. καὶ ἐπιστράτηγος 114.
— καὶ ἐπιστράτηγος καὶ στρατηγὸς τῆς ἰνδικῆς καὶ ἐρυθρᾶς θαλάσσης 152.
— καὶ ἱερεὺς διὰ βίου βασ. Πτολ. κτλ. 136.
— καὶ στρατηγὸς τῆς Θηβαίδος 103(A) C, 109.
— καὶ στρατηγὸς καὶ ἐπιστράτηγος τῆς Θηβαίδος 140.
— καὶ στρατηγὸς καὶ ἐπὶ τῶν προσόδων τοῦ Ἀρσινοίτου 145.
— καὶ στρατ[ηγός ..... 112.
— τοῦ βασιλέως, (ὁ) στρατηγὸς (τῶν κατὰ Κύπρον) καὶ (ναύαρχος καὶ) ἀρχιερεὺς (τῶν κατὰ τὴν νῆσον) 84, 117, 123—125, 127—(129).
— βασ. Πτολ. καὶ βασ. Κλεοπ. τῆς ἀδελφῆς καὶ βασ. Κλεοπ. τῆς γυναικὸς καὶ ναύαρχος καὶ στρατηγὸς αὐτοκράτωρ καὶ ὑπ[οδιοικητής?] καὶ ἀρχιερεὺς τῶν κατὰ Κύπρον 118.
τῶν φίλων 92, 171.
— καὶ διοικητής 74, 75.
φρούραρ]χος ... 47?
— Συήνης 95 s. τῶν διαδόχων.
— κατὰ ... καὶ κατὰ Κίτιον 3.
ὑπηρέτης 93.

VII. Heiligtümer, Priester, Feste, Sakrales.

1. Heiligtümer.

ἄδυτον 38₄, ₅₉, 69₆, ₄₂.
ἅγιον 38₅₉.
Ἀπίειον 69₃₃.
βωμός 6, 38₅₂, 43, 69₃₄, 76, 94, 140, 141.
ἐξέδρα 166.
Ἡραῖον in Elephantine 140₁₀.
Ἡράκλειον 38₅₁.

ἱερόν 1, 38 öfters, 69 öfters, 89, 95, 103, 141, 162.
— πρῶτον, δεύτερον, τρίτον 38 öfters, 69₅₄.
— τὸ ἐν τῷ Ἡρακλείῳ 38₅₁.
— τῆς Ἴσιδος in Philae 103C.
— τὸ ἐν Κανώπῳ τῶν Εὐεργετῶν θεῶν 38₆, ₅₀.

Index. 115

— τὸ ἐν Μέμφει 68$_8$.
— Πτολε[μάειον] in Paphos 136.
— Σοχνοπαίου im Faiyum 145.
ναός 56, 69 öfters, 80, 89.
νεὼς τοῦ Διονύσου in Ptolemais 35.
[πρόν]αος 81.

προσευχή 130, 163, 167.
σηκός 88.
Σατίειον in Elephantine 140$_{23}$.
ταμιεῖα, προσόντα τῷ ἱερῷ 89.
τέμενος 9, 40, 43.
Χνουβίειον in Elephantine 140$_{23}$.

2. Priester, Kultbeamte.

(Die Verweise beziehen sich auf No. VI, Titel und Aemter.)

ἀθλοφόρος (ἡ) Βερενίκης Εὐεργέτιδος 69$_5$.
ἀρχιερεύς 38$_3$, $_{74}$, 69$_6$, 117, 123—125, 127, 161 s. συγγενής, στρατηγός.
— τῆ[ς Ἀφροδίτης τῆς Παφίας καὶ?] Κλεοπάτρας Θεᾶ[ς? 129.
— τῆς νήσου 78, 128 s. συγγενής.
— τῶν κατὰ τὴν νῆσον (κατὰ Κύπρον) 84, 118 s. συγγενής.
βουλευταὶ ἱερεῖς 38$_{73}$.
γραμματεὺς τοῦ ἱεροῦ 38$_{74}$.
ἔθνη ἱερά 69$_{16}$.
ἐπιστάτης καὶ ἀρχιερεύς 38$_{74}$.
ἱέρεια 38$_{68}$.
— Ἀρσινόης Φιλοπάτορος 69$_5$.
ἱερεῖς εἴκοσι (πέντε) βουλευταί 38$_{29}$, $_{31}$.
— οἱ εἰς τὸ ἄδυτον εἰσπορευόμενοι πρὸς τὸν στολισμὸν τῶν θεῶν 38$_4$, $_{60}$, 69$_6$.
ἱερεύς 38 öfters, 51, 69 öfters, 134.
— Ἀλεξάνδρου und der Ptolemäer 38$_2$, 69$_4$.
— το[ῦ μεγίστου θεοῦ Ἀμο]νρασωνθήρ 157.
— τοῦ Διός 43, 94.
— θεῶν Εὐεργετῶν 122 s. ἐπὶ τῆς πόλεως.

ἱερεὺς τῆς ἐν τῷ Ἀβάτῳ καὶ ἐν Φίλαις Ἰσιδος, θεᾶς μεγίστης und der Ptolemäer 103.
— τῆ[ς νήσου?] 112.
— Πτολεμαίου Σωτῆρος καὶ Πτολεμαίου Ἐπιφανοῦς καὶ Εὐχαρίστου 94 s. πρῶτ. φίλων.
— διὰ βίου βασιλέως Πτολεμαί[ου θεοῦ Σ]ωτῆρος 136 s. συγγενής.
— τῆς συνόδου 108.
— τοῦ Χνούβω Νεβιήβ und der Ptolemäer 140.
ἱερογραμματεύς 38$_4$, 69, 69$_7$.
κανηφόρος Ἀρσινόης Φιλαδέλφου 38$_2$, 69$_5$.
κανηφορεῖα 134.
κλειδοχέω 134.
παρθένοι ἱεραί (τῶν ἱερῶν) 38$_{65}$, $_{68}$.
πλῆθος τῶν ἱερέων 38$_{65}$, $_{68}$.
προφήτης 38$_4$, 59, 69$_6$.
— τοῦ Χνούβεως 95 s. διαδόχων.
πτεροφόρης 38$_4$, 69$_7$.
φύλαρχος 38$_{33}$.
φυλή 38 öfters.
— τῶν Εὐεργετῶν θεῶν 38$_{25}$.
ᾠδοδιδάσκαλος 38$_{70}$.

3. Feste.

Βουβάστια μεγάλα 38$_{38}$.
— μικρά 38$_{38}$.
Διονύσια 35.
ἑορτή 38 öfters, 69 öfters.
— δημοτελεῖς 38$_{34}$, $_{35}$, $_{41}$.
— ἐνιαύσιαι 95.

ἑορτὴ τῶν Εὐεργετῶν θεῶν 38$_{33}$, $_{44}$.
Κικήλλια 38$_{44}$.
πανήγυρις 38$_{39}$, 60, 69, 69 öfters.
— τῆς παραλήψεως τῆς βασιλείας 69$_6$.
περίπλους 38$_{56}$, 57, 64.

4. Sakrales.

ἄγαλμα (ἱερόν) 38₁₀, ₅₉, 80.
ἁγνεία 38₃₂.
ἀποθέωσις 38₅₆.
ἀπόμοιρα καθήκουσα τοῖς θεοῖς 69₁₅.
ἀσπιδοειδής 69₄₅.
ἀσπίς 69₁₄.
ἄσυλος 130.
Βερενίκης ἄρτος 38₇₄.
βύβλοι ἱεραί 38₇₀.
γῆ ἱερά 38₆₄.
γράμματα ἱερά 38₃₆.
— ἱερὰ Αἰγύπτια Ἑλληνικά 38₇₄.
— ἱερὰ ἐγχώρια Ἑλληνικά 69₅₄.
γραμματικὴ ἱερά 38₆₄.
ἐκθέωσις 38₅₄.
ἐξοδεία 38₆₀, 69₄₃.

ζῷα ἱερά 38₁₀, 69₃₁.
θυσία 38 öfters, 69 öfters, 103C, 108, 140.
ἱερατεία 69₅₂.
ἱερατεύω 69₅₂.
ἱερωσύνη τῶν Εὐεργετῶν θεῶν 38₂₃.
ξόανον 69₄₁.
πλοῖον ἱερόν 38₅₁.
προσκύνημα 146, 147, 150—152.
πρόσοδοι ἱεραί 38₇₂, 69₁₁, ₁₄.
σκῆπτρον παπυροειδές 38₆₃.
σπονδή 38₄₀, 69₄₈, ₅₀, 103C, 108.
στεφανηφορία 38₄₀.
στολισμὸς τῶν θεῶν 38₄, ₆₀, 69₆.
σύνταξις 69₁₅, 140.

VIII. Vereine und Genossenschaften.

βασιλισταί, οἱ συνάγοντες ἐν Σήτει 108.
οἱ ἐν Πάφῳ γεγυμνασιαρχηκότες καὶ ἡγητορευκότες 120 s. συναρχία.
οἱ ἀπὸ γυμνασίου 46.
Δηλιάδες 33.
οἱ ἐφηβευκότες (ἠφηβευκότες) τῆς τοῦ δεῖνα αἱρέσεως 142, 143.
θιασεῖται 76.
κοινὸν τῶν ἐν τῇ νήσ]ῳ τασσομένων δυνάμ[εων? 112.
— τῶν ἐν Κύπρῳ τασσομένων Θρᾳκῶν 161.
— τῶν ἐν τῇ νήσῳ τασσομένων Κιλίκων (116), 127.
— τῶν ὑπὸ τὸν δεῖνα τασσομένων Κρητῶν 124.
— Κυπρίων 120.
— τῶν Λυκίων 77.

κοινὸν τῶν ἐν τῇ νήσῳ τασσομένων Λυκίων 117 s. unter X: δυνάμεις.
— τῶν Πρωτέων 68.
κωμεγέται 76.
νησιῶται 15.
συναρχία τῶν ἐν Πάφῳ [. . . γεγυμνασιαρχ]ηκότων 98.
σύνοδος 108.
— τῶν ἐν Ἀλεξανδρείᾳ πρεσβυτέρων ἐγδοχέων 115, 118.
οἱ τὴν σύνοδον νέμοντες 35 s. τεχνῖται.
οἱ τὴν σύνοδον συνεσταμένοι [εἰς τὸ ἐν Σήτει?] ἱερόν 95.
τεχνῖται οἱ περὶ τὸν (μέγαν) Διόνυσον καὶ θεοὺς Ἀδελφούς 35, 36.
— οἱ περὶ τὸν Διόνυσον καὶ θεοὺς Εὐεργέτας 119—121.
χρηματισταί 93.

IX. Zeit.

1. Zeitabschnitte.

ἐνιαυτός 38 öfters, 69₅₃.
θέρος 38₁₁, ₄₂.
τριακονταετηρίς 69₂.

χειμών 38₁₁, ₄₂.
ὥρα 38₁₀.

2. Bestimmte Jahre.

Ptolemäus I: τὸ $\bar{\beta}$ καὶ $\bar{\lambda}$ ἔτος 7.
— II: L $\overline{\lambda\varepsilon}$ Φαμενώθ $\overline{\iota\varepsilon}$ 16..
— III: L $\bar{\zeta}$ μὴν Δύστρος 51.
— — L $\bar{\eta}$ μὴν Ἀρτεμίσιος 52.
— — L $\bar{\vartheta}$ μὴν Ἀπελλαῖος $\bar{\zeta}$ = Τῦβι $\overline{\iota\zeta}$ 38₁.
— — L $\overline{\iota\alpha}$ ... 52.
— V: L $\bar{\eta}$ 69₂₄, ₂₉.
— — L $\bar{\vartheta}$ μὴν Ξανθικός $\bar{\delta}$ = Μεχείρ $\overline{\iota\eta}$ 69₅.
— VI: τὸ $\bar{\eta}$ καὶ $\bar{\vartheta}$ L 93.
— VIII: L $\overline{\lambda\varepsilon}$? 110.
— — L $\overline{\mu\alpha}$ Θῶθ $\bar{\iota}$ 109.
— — L? Πανέμ]ου $\bar{\beta}$ Παχών $\overline{\varkappa\beta}$ 103.

Ptolemäus X: L $\bar{\beta}$ Μεσορή, Ὑπερβερεταῖος ..., Δαίσιος $\bar{\gamma}$ = Φαρμοῦθι $\bar{\gamma}$ 140.
— XI: L $\overline{\iota\gamma}$ τὸ καὶ $\bar{\iota}$, Ἐπείφ $\overline{\varkappa\gamma}$ 141.
— — L $\overline{\iota\varsigma}$ Φαμενώθ $\overline{\iota\alpha}$ 143.
— — L $\overline{\iota\vartheta}$ Θῶυθ νουμηνία 144.
— — L $\overline{\iota\vartheta}$ Μεχείρ $\bar{\varkappa}$ 142.
— — L $\varkappa$ Ἀθύρ $\bar{\zeta}$ 145.
— XIII: L $\overline{\iota\beta}$ Μεσορή $\bar{\gamma}$ 151.
— — L $\overline{\iota\vartheta}$ Παχών $\bar{\vartheta}$ 152.
— — L $\overline{[\varkappa]\alpha}$ Παῦνι $\overline{\iota\eta}$ 154.
— — L $\overline{\varkappa\gamma}$ Φαρμοῦθι $\overline{\iota\beta}$ 154.
— XVI: L $\overline{\iota\vartheta}$ τὸ καὶ $\bar{\delta}$ Χοῖαχ $\overline{\varkappa\vartheta}$ 158.
Antiochus Grypos: L $\bar{\gamma}$ Γορπιαίου $\overline{\varkappa[\beta]}$? 148.

3. Monate.

a) Griechische.

Δῖος $\bar{\varepsilon}$ 38₅, ₂₅, $\overline{\varkappa\varepsilon}$ 38₆.
Ἀπελλαῖος $\bar{\zeta}$ 38₃.
Δύστρος 51.
Ξανθικός $\bar{\delta}$ 69₆.
Ἀρτεμίσιος 52, 157.

Δαίσιος $\bar{\gamma}$ 140.
Πάνεμος? $\bar{\beta}$ 103 A.
Γορπιαῖος $\varkappa[\beta]$? 148.
Ὑπερβερεταῖος 140.

b) Aegyptische.

Θῶυθ νουμηνία 69₅₀, 144, Θῶθ $\bar{\iota}$ 109.
[Παῶφι $\overline{\iota\zeta}$] 69₁₆.
Ἀθύρ $\bar{\zeta}$ 145.
Χοῖαχ 38₆₄, $\overline{\varkappa\vartheta}$ 38₅₂, 158.
Τῦβι 38₅₅, ₅₇, $\overline{\iota\zeta}$ 38₃.
Μεχείρ 146, $\overline{\iota\eta}$ 69₃, $\bar{\varkappa}$ 142.

Φαμενώθ 157, $\overline{\iota\alpha}$ 143, $\overline{\iota\varepsilon}$ 16.
Φαρμοῦθι $\bar{\gamma}$ 140, $\overline{\iota\beta}$ 154.
Παχών $\bar{\vartheta}$ 152, $\overline{\varkappa\beta}$ 103 A.
Παῦνι νουμηνία 38₃₉, $\overline{\iota\eta}$ 154.
Ἐπείφ $\overline{\varkappa\gamma}$ 141.
Μεσορή 38₂₇, 140, $\bar{\gamma}$ 151, τριακάς 69₄₆.

c) Monatsgleichungen.

Ptolemäus III: L $\bar{\vartheta}$ Ἀπελλαῖος $\bar{\zeta}$ = Τῦβι $\overline{\iota\zeta}$ 38₃.
— V: L $\bar{\vartheta}$ Ξανθικός $\bar{\delta}$ = Μεχείρ $\overline{\iota\eta}$ 69₆.
— VIII: L? [Πανέμ]ου? $\bar{\beta}$ = Παχών $\overline{\varkappa\beta}$ 103.

Ptolemäus X: L $\bar{\beta}$ Δαίσιος $\bar{\gamma}$ = Φαρμοῦθι $\bar{\gamma}$ ($\bar{\delta}$?) 140.
— XVI: L? Ἀρτεμίσιος? = Φαμενώθ? 157.

4. Tage.

αἱ πέντε ἐπαγόμεναι 38₄₅.
νέον ἔτος 38₃₆.
νουμηνία 38₃₇, ₃₉, 69₅₀, 144.

τετράς 69₆.
τριακάς 69₄₆.

X. Verschiedenes.

αἰωνόβιος 69 öfters.
ἀμπελῖτις γῆ 69₁₅, ₃₀.
ἀνάβασις (Νείλου) 38₁₃, ₃₈, 69₂₄.
ἀπηλιώτης 142, 143.
ἄρουρα 69₃₀.
ἀρτάβη 69₃₀.
ἄστρον, τὸ τῆς Ἴσιος 38₃₅.
οἱ (ὑπ)ασχολούμενοι 144, 145.
βασιλεία 38 öfters, 39, 69 öfters, 80.
βασιλικόν 69₁₇, ₂₉.
βορρᾶς 142, 143.
βυβλιοθήκη 136.
γάζα 39.
γενέθλια 38₅, 69₄₆.
γενέθλιος ἡμέρα 95.
γυμνάσιον 99.
δακτύλιος 38₂₃.
δειγματισμός 39₃₀.
δρόμος 38₅₂.
δυνάμεις 103.
— ἱππικαὶ καὶ πεζικαί 69₂₀.
— ἱππικαὶ καὶ πεζικαί, αἱ ἐν τῷ Ὀμβίτῃ τασσόμεναι 88, 107.
— αἱ ἐν Κύπρῳ τασσόμεναι πεζικαί 96, 168.
δυναστεύοντες 38₁₃.
εἰκοσήρης 159.
ἐκκλησία κυρία 51, 52.
ἐλέφας 56.
ἔμπορος 113.
ἐπώνυμος ἡμέρα 108.
εὐδία 69₁₁.
εὐοδία 53.
Θηρίκλειος 11.
ἰδιώτης 69₅₂.

καρποτόκος 9.
λίψ 142, 143.
μάχιμοι 69₁₉.
μεγαλομέρεια 140.
νάβλα 141.
ναύκληρος 113.
ναυτεία 69₁₇.
νιλογενής 9.
νότος 142, 143.
ὀθόνιον βύσσινον 69₁₇, ₂₉.
ὅπλον νικητικόν 69₃₉.
ὀφείλημα βασιλικόν 69₁₃.
παράδεισος 69₁₅.
παράληψις τῆς βασιλείας 69₂₈, ₄₅.
πολίτευμα 155.
πόλος 38₄₁.
πραγματικός 103.
πρεσβύτεροι, οἱ ἀπὸ Διοσπόλεως τῆς μεγάλης 157.
προστασία 140.
πρόσοδος 38₁₆, 69₁₂.
σύλληψις τῶν εἰς τὴν ναυτείαν 69₁₇.
τριακοντήρης 159.
τελεστικόν 69₁₇.
ὑπηρεσία 103.
φιλαγαθία 96.
φιλάνθρωπα 140.
φιλανθρωπία 103 C.
φορολογία 69₁₁.
φυλακτήριον 69₄₅.
χρεία 38₆₆, 39.
χρηματισμός 38₂₃, 69₅₁, 103 C.
ψυγμός 143.
ψχέντ 69₄₄.

CONCORDANCES

W. Dittenberger, *Orientis Graeci Inscriptiones Selectae*. Vol. I
(Leipzig 1903)

SGPI	OGIS	SGPI	OGIS	SGPI	OGIS	SGPI	OGIS	SGPI	OGIS
1	16	ad 50	70	82	122	109	132	139	174
3	20	51	55	82a	121	110	131	140	168
4	21	52	57	84	105	113	135	141	175
5	18	52	58	85	123	114	133	142	178
6	17	53	77	86	124	118	140	143	176
13	23	54	83	87	107	119	166	144	177
15	25	56	82	88	114	120	164	145	179
17	26. 27	57	89	89	92	122	134	146	180
18	29	58	87	91	112	123	152	148	257
26	30	59	88	92	115	124	153	149	181
27	32	60	110	93	106	125	151	150	191
28	33	63	75	94	103	126	156	151	185
29	14	65	84	95	111	127	157	152	186
30	31	69	90	97	113	128	158	154	187
32	15	70	98	101	125	129	159	155	192
34	81	72	85	102	126	130	129	157	194
35	50	73	94		137	131	167	158	195
36	51	74	100	103	138	132	171	159	39
38	56	76	97		139	133	169	161	143
39	54	77	99	103a	142	134	170	163	22
40	60	78	93	104	141	135	173	166	101
43	65	80	91	105	128	136	172	167	96
45	63	81	109	108	130	138	144	169	136

A. Bernand, *Les Inscriptions Grecques de Philae*. Vol. I. Epoque
Ptolemaique (Paris 1969)

SGPI	Bernand, vol. I	SGPI	Bernand, vol. I
58	5	103a	17
70	8	150	55
82	10	151	50
82a	12	152	52
103	19	153	7
146	35		

OGIS	Supplementum Epigraphicum Graecum (XII-XXV)	SGPI
20	SEG XX 132	3
22	XVIII 729	163
39	XVI 793	159
56	XVIII 631	38
63	XXV 1060	33
84	XX 218	65
90	XVI 855 - XVIII 634	69
93	XX 194	78
96	XX 639	167
97	XVIII 639	76
105	XVI 794 - XX 218	84
126/7	XX 218	102
129	XX 695	130
136	XVIII 35	169
143	XIII 554	161
152	XIII 553	123
153	XIII 553	124
156	XIII 576 - XX 218 - XXV 1101	126
157	XIII 578	127
158	XIII 576 - XX 218 - XXV 1101	128
159	XIII 587	129
164	XX 218, cf. 188	120
165/6	XX 218	119
172	XX 218	136
181	XX 218	149
186	XXIV 1225	152
194	XVIII 705 - XXIV 1217	157
195	XVIII 641	158
257	XX 218	148